...ten Schalen. Lauch & Fenchel putzen &
...ren & Staudensellerie putzen & schälen.
...übe. Das gesamte Gemüse in grobe
...len. Petersilie waschen, trockentupfen & die
...n Stielen zupfen

...em großen Topf etwas reines Sonnenblumenöl
...en lassen. Zwiebeln & Schalotten darin glasig
... ungeschälte Knoblauchzehen mit einem Messe...
...rten. Gemüse & Knoblauchzehen zugeben & ca.
...usten

...en, Petersilie, Meersalz & Pfefferkörner zugeben
...ser auffüllen & alles kurz aufkochen.
... mittlerer Wärmezufuhr kochen lassen.

...he durch ein Sieb in einen weiteren
...ießen & mit Salz & Pfeffer würzen &

KOCHSTUDIO

Die *neue Lust* am

KOCHSTUDIO

Die *neue Lust* am

Kochen!

Mit 200 neuen Rezepten und über 444 Fotos, die Appetit machen.

Tre Torri
Verlag

Inhalt

Vorwort

Lust auf Leckeres, ganz unkompliziert und zeitgemäß? Das neue Maggi Kochstudio Kochbuch hat's: Tolle Rezepte, leicht verständliche Anleitungen, viele hilfreiche Tipps und Tricks – Koch-Spaß für alle, die genießen und Neues probieren wollen!

Wir haben den Koch-Trends nachgespürt und 176 Rezepte ausgewählt, die Appetit machen. Zusätzlich gibt es 64 Step-by-Step-Anleitungen für die Klassiker der modernen Küche: Pastateig selbst machen, Lachs marinieren, Scampi frittieren … über 444 Fotos erklären Schritt für Schritt in Wort und Bild die Koch-Grundlagen von heute. So gelingt's garantiert immer!

Die neue Lust am Kochen fängt schon beim Lesen an. Mit diesem Buch ist es ein Genuss, Rezepte auszuwählen und sich an neue Gerichte heranzuwagen.

Freuen Sie sich auch auf unsere neuen Ernährungsplus-Symbole. Erstmalig in diesem Buch bieten wir Ihnen mit unseren 7 neuen Symbolen zusätzliche Ernährungsinformationen. So erkennen Sie auf einen Blick, welche Rezepte z.B. „fettarm" oder „vegetarisch" sind. In Zukunft finden Sie diese Ernährungsplus-Symbole auf allen Maggi Produkten und in unseren Rezepten (siehe auch S. 312).

Für alle, die noch mehr wissen wollen, gibt es zu jedem Kapitel eine kleine Warenkunde und hilfreiche Tipps. Im letzten Teil des Buches schließlich blättern wir die Geschichte der Marke Maggi auf und informieren Sie über die umfangreichen Serviceangebote des Maggi Kochstudios.

Wir wünschen Ihnen viel Erfolg und genussvolle Stunden mit diesem außergewöhnlichen Maggi Kochstudio Kochbuch!

Ihre

Birgit Grün
Leitung Maggi Kochstudio
hilft, berät, gibt Tipps

Salate

Was Sie wissen sollten!

→ Die »Salatvielfalt«

Salat kann man aus praktisch allen Nahrungsmitteln zubereiten. Es gibt zahlreiche Blattsalat-Sorten, aber auch Gemüse, Nudeln, Kartoffeln, Reis und Fleisch, Fisch und Geflügel sowie Obst lassen sich zu Salaten verarbeiten.

→ Wussten Sie, dass ...

... Blattsalate bis zu 90 % aus Wasser bestehen und daher sehr kalorienarm sind?

Außerdem haben Blattsalate viele Ballaststoffe, Vitamine und Mineralstoffe, enthalten kaum Fett und nur wenig Eiweiß.

→ Sorten:

Der bekannteste und gängigste Blattsalat ist der geschmacklich eher neutrale Kopfsalat. Endivie, Frisée, Löwenzahn, Chicorée und Radicchio schmecken leicht bitter, Rucola (Rauke) nussig und leicht pfeffrig.

→ Lagerung / Aufbewahrung:

Blattsalat sollten Sie am besten gar nicht lagern, sondern so frisch wie möglich zubereiten. Wenn Sie ihn aufbewahren müssen, schlagen Sie ihn in ein feuchtes Küchentuch oder in Zeitungspapier ein und legen ihn ins Gemüsefach des Kühlschranks.

→ Verwendung / Zubereitung:

Am knackigsten schmeckt der Blattsalat, wenn er frisch ist. Außerdem enthält er dann die meisten Vitamine und Mineralstoffe. Kopfsalat zum Beispiel verliert innerhalb von 3 Tagen 90 % seines Vitamin C-Gehalts.

Für die Zubereitung die äußeren Salatblätter entfernen.
Alle weiteren Blätter vom Strunk trennen und am besten nur kurz unter kaltem Wasser waschen, damit Farbe, Vitamine und Mineralstoffe erhalten bleiben. Die Salatblätter in einem Sieb abtropfen lassen und in mundgerechte Stücke teilen. Salat erst kurz vor dem Anrichten mit dem Dressing mischen, damit er knackig bleibt und nicht zusammenfällt.

→ Essige und Öle:

Für Salatsoßen eignen sich aromatische Essige mit wenig Säure. Dazu zählen Rotwein- und Weißweinessig, Aceto Balsamico und Obstessig (z. B. Apfelessig).

Neben Essig ist Öl ein wichtiger Bestandteil der Salatsoße. Verwenden Sie kaltgepresste Öle wie Oliven-, Sonnenblumen- oder Rapsöl. Besonders kräftig schmecken Walnuss- und Kürbiskernöl.

Vinaigrette

Zutaten (z. B. für 4 Portionen Kopfsalat):
1 EL Rotweinessig
Salz und Pfeffer aus der Mühle
1 EL THOMY Delikatess-Senf
3 EL THOMY Reines Sonnenblumenöl

1 Rotweinessig mit Salz und Pfeffer in eine Schüssel geben.

2 THOMY Delikatess-Senf zugeben und mit einem Schneebesen verrühren.

3 THOMY Reines Sonnenblumenöl langsam in einem dünnen Strahl unter ständigem Rühren zufügen.

4 Die Soße nochmals mit Salz und Pfeffer würzen und abschmecken.

Tipp!

Diese Grundvinaigrette können Sie mit verschiedenen Ölen, Essigen und Senf-sorten sowie mit Kräutern vielfältig variieren.

Joghurt-Dressing

Zutaten (z. B. für 4 Portionen Kopfsalat):
1 EL Weißweinessig
Salz und Pfeffer aus der Mühle
2 EL Naturjoghurt
3 EL THOMY Reines Sonnenblumenöl

1 Weißweinessig, Salz und Pfeffer in eine Schüssel geben.

2 Den Naturjoghurt zugeben und mit einem Schneebesen unterrühren.

3 THOMY Reines Sonnenblumenöl langsam in einem dünnen Strahl unter Rühren zufügen.

4 Das Joghurt-Dressing nochmals mit Salz und Pfeffer würzen und abschmecken.

Tipp!

Dieses Grundrezept können Sie mit verschiedenen Ölen und Essigen, mit Zitronensaft, Quark, Crème fraîche, saurer Sahne, Schmand und gehackten Kräutern variieren.

Mayonnaise

Zutaten (z. B. für 4 Portionen Nudelsalat):
1 Eigelb
1 Spritzer Zitronensaft
1 Spritzer Weißweinessig
2 TL THOMY Delikatess-Senf
200 ml THOMY Reines Sonnenblumenöl
Salz
Cayennepfeffer

1 Eigelb in eine Schüssel geben.

2 Zitronensaft, Weißweinessig und THOMY Delikatess-Senf zugeben und alles mit einem Schneebesen verrühren.

3 THOMY Reines Sonnenblumenöl langsam in einem dünnen Strahl unter ständigem Rühren zufügen.

4 Die Mayonnaise mit Salz und Cayennepfeffer würzen und abschmecken.

Tipp!

Diese Grundmayonnaise können Sie mit verschiedenen Ölen, Essigen, Senfsorten und Kräutern variieren und auch mit Gewürzen wie z. B. Currypulver oder Tomatenmark pikant verfeinern.

Tipp!

Voraussetzung für das Gelingen der Mayonnaise ist die gleiche Temperatur aller Zutaten. Stellen Sie dafür alle Zutaten ca. 2 Stunden bei Zimmertemperatur an einen gleichmäßig warmen Ort.

Kopfsalat mit Würze-Vinaigrette

4 Portionen

Zubereitungszeit:	15 Min.
1 Kopfsalat	putzen, waschen und in mundgerechte Stücke zerpflücken.
2 EL Aceto Balsamico, weiß	mit
2 TL MAGGI Würze	
1 TL THOMY Delikatess-Senf	
Salz	
Pfeffer, frisch gemahlen	und
1 Prise Zucker	verrühren.
4 EL Walnussöl	unterschlagen. Den Kopfsalat mit der Salatsoße mischen.

MAGGI KOCHSTUDIO
Ernährungsinfo:

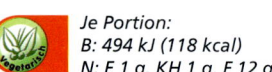

Je Portion:
B: 494 kJ (118 kcal)
N: E 1 g, KH 1 g, F 12 g

Orangen-Vinaigrette
Foto

4 Portionen

Zubereitungszeit:	15 Min.
1 kleine Orange, unbehandelt	heiß waschen, die Schale abreiben. Die Orange auspressen. Den Saft mit der Orangenschale und
1 EL Zitronensaft	
2 EL THOMY Delikatess-Senf	
6 EL THOMY Reines Sonnenblumenöl	
2 EL Honig	
2 EL Schnittlauchröllchen	verrühren. Mit
1 Prise Pfeffer a. d. Mühle	und
1 Prise Fondor	würzen und abschmecken.

Verwenden Sie die Vinaigrette für Blattsalate und Gemüsesalate.

MAGGI KOCHSTUDIO
Ernährungsinfo:

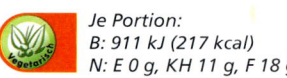

Je Portion:
B: 911 kJ (217 kcal)
N: E 0 g, KH 11 g, F 18 g

Caesar Salad

4 Portionen

Zubereitungszeit:	25 Min.
2 Knoblauchzehen	schälen, durchpressen und mit
6 EL THOMY Reines Sonnenblumenöl	verrühren.
4 Scheiben Weißbrot	in kleine Würfel schneiden. In einer Pfanne 3 EL von dem Knoblauchöl heiß werden lassen und die Weißbrotwürfel darin goldbraun rösten.
1 Kopf Romana-Salat	putzen, waschen, in mundgerechte Stücke zerpflücken und in eine Schüssel geben.
5 Sardellenfilets	waschen, trockentupfen, in kleine Stücke schneiden und zum Salat geben. Das restliche Knoblauchöl mit
1 Spritzer Worcester-Soße 2 EL Rotweinessig MAGGI Würzmischung 1	und
1 TL THOMY Delikatess-Senf	verrühren.
1 Zitrone	auspressen und den Saft unterrühren. Die Salatzutaten mit dem Dressing mischen und auf 4 Tellern anrichten. Mit den Croûtons und
4 EL Parmesan, frisch gerieben	garniert servieren.

Tipp: 1 Ei hart kochen, pellen, in Würfel schneiden und zum Salat geben.

MAGGI KOCHSTUDIO Ernährungsinfo: *Je Portion: B: 1473 kJ (352 kcal) N: E 9 g, KH 20 g, F 26 g*

Rucola-Kräuter-Salat
Foto oben

4 Portionen

Zubereitungszeit:	25 Min.
1 Bund Rucola	putzen und waschen.
1 Kopf Lollo Rosso	putzen, waschen und in mundgerechte Stücke zerpflücken.
200 g Cocktailtomaten	waschen und halbieren.
	Für die Salatsoße:
1 Bund Kräuter, gemischt (Kerbel, Pimpinelle, Estragon)	waschen, Blättchen von den Stielen zupfen und klein schneiden.
3 EL Aceto Balsamico 5 EL Olivenöl MAGGI Würzmischung 1	und die gehackten Kräuter verrühren.
50 g Pinienkerne	in einer Pfanne ohne Fett rösten.

Die Salatzutaten mit der Salatsoße verrühren und mit den Pinienkernen garniert servieren.

MAGGI KOCHSTUDIO Ernährungsinfo: *Je Portion: B: 1068 kJ (255 kcal) N: E 4 g, KH 5 g, F 24 g*

Bunter Salat mit Mandelblättchen

Foto unten

4 Portionen

Zubereitungszeit:	20 Min.
1 Kopfsalat	putzen, waschen und in mund-gerechte Stücke zerpflücken.
1 Paprikaschote, gelb	waschen, Kerne und weiße Innen-häute entfernen und in Würfel schneiden.
250 g Cocktailtomaten	waschen und halbieren.
2 EL Wasser	mit
2 EL Zitronensaft	
2 TL Kräuter Fondor	
1 TL Zucker	und
3 EL THOMY Reines Sonnenblumenöl	verrühren. Die Soße mit den Salat-zutaten mischen.
3 EL Mandelblättchen	in einer Pfanne ohne Fett rösten und den Salat damit garniert servieren.

MAGGI KOCHSTUDIO
Ernährungsinfo:

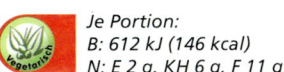

Je Portion:
B: 612 kJ (146 kcal)
N: E 2 g, KH 6 g, F 11 g

Tomatensalat mit Schafskäse

Zubereitungszeit:	10 Min.
500 g Tomaten	waschen, den Blütenansatz entfernen und in Achtel schneiden.
200 g Schafskäse	in Würfel schneiden.
2 EL Olivenöl	und
1 EL Essig	verrühren. Mit
MAGGI Würzmischung 6	würzen, die Salatzutaten darin mischen und auf Tellern anrichten.

MAGGI KOCHSTUDIO
Ernährungsinfo:

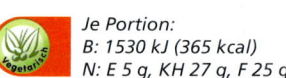

Je Portion:
B: 809 kJ (193 kcal)
N: E 9 g, KH 3 g, F 15 g

Fruchtiger Radicchio-salat mit Walnüssen
Foto

Zubereitungszeit:	30 Min.
1 Radicchio	putzen, waschen und in mundgerechte Stücke zerpflücken.
1 Apfel	waschen, schälen, halbieren, Kerngehäuse entfernen und in Spalten schneiden.
1 Mango	halbieren, den Kern entfernen, schälen und in Streifen schneiden.
1 Beutel MAGGI Salat mit Pfiff »Italienische Art«	mit
3 EL Wasser	und
3 EL THOMY Reines Sonnenblumenöl	verrühren und mit den Salatzutaten mischen.
100 g Walnusskerne	in einer Pfanne ohne Fett rösten und den Salat damit garniert servieren.

MAGGI KOCHSTUDIO
Ernährungsinfo:

Je Portion:
B: 1530 kJ (365 kcal)
N: E 5 g, KH 27 g, F 25 g

Frühlingssalat in Soja-Sesam-Vinaigrette
Foto oben

4 Portionen

Zubereitungszeit:	30 Min.
1 Kopf Lollo Bianco	putzen, waschen und in mundgerechte Stücke zerpflücken.
4 Eier	in ca. 10 Min. hart kochen, pellen und in Viertel schneiden.

Für das Dressing:

1 Beutel MAGGI Salat mit Pfiff »Italienische Art«	mit
3 EL Wasser	
2 EL Orangensaft, frisch gepresst	
1 TL Soja Sauce	
1 Messerspitze Ingwer, gemahlen	
1 EL Sesamöl	und
2 EL THOMY Reines Sonnenblumenöl	verrühren.
	Von
2 Kästchen Kresse	die Blättchen abschneiden, mit dem Salat und der Salatsoße mischen und auf Tellern anrichten.
	Mit
2 EL Sesamkörnern	und den Eivierteln garniert servieren.

Servieren Sie dazu Baguette.

MAGGI KOCHSTUDIO
Ernährungsinfo:

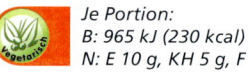

Je Portion:
B: 965 kJ (230 kcal)
N: E 10 g, KH 5 g, F 18 g

Bunter Eisbergsalat
Foto unten

4 Portionen

Zubereitungszeit:	15 Min.
	In einer großen Schüssel
3 EL THOMY Reines Sonnenblumenöl	mit
1 EL Estragonessig	
3 EL THOMY Gourmet-Sahne-Meerrettich »mild«	und
1 Prise Salz	verrühren.
1 Eisbergsalat	putzen, waschen und in mund-gerechte Stücke zerpflücken.
1 Paprikaschote, rot	waschen, Kerne und weiße Innen-häute entfernen und in Streifen schneiden.
½ Salatgurke	putzen, waschen, schälen und der Länge nach halbieren und in Scheiben schneiden.
100 g Schinken, gekocht	in Streifen schneiden. Alle Zutaten gut mit der Marinade mischen und nach Belieben mit
1 Prise Pfeffer, frisch gemahlen	würzen und abschmecken.

MAGGI KOCHSTUDIO Ernährungsinfo:	*Je Portion:* *B: 818 kJ (195 kcal)* *N: E 7 g, KH 4 g, F 16 g*

Geräucherte Forellen-filets auf Feldsalat

2 Portionen

Zubereitungszeit:	15 Min.
100 g Feldsalat	putzen und waschen.
2 EL Essig	und
3 EL THOMY Reines Sonnenblumenöl	mit
MAGGI Würzmischung 1	zu einer Salatsoße verrühren. Den Salat damit mischen und auf 2 Tellern anrichten.
200 g Forellenfilets, geräuchert	schräg in Streifen schneiden und auf dem Salat anrichten. Die Forellenfilets mit
¼ Tube (à 190 g) THOMY Gourmet-Sahne-Meerrettich »mild«	garnieren.
	Salat mit
4 Walnusskernen, grob gehackt	garniert servieren.

Tipp: Statt Feldsalat kann auch junger Spinat verwendet werden.

MAGGI KOCHSTUDIO Ernährungsinfo:	*Je Portion:* *B: 1904 kJ (455 kcal)* *N: E 24 g, KH 6 g, F 35 g*

Rotkohlsalat mit Entenbrustscheiben
Foto

6 Portionen

Zubereitungszeit:	45 Min.
450 g Rotkohl	putzen, waschen, den Strunk entfernen und in sehr feine Streifen hobeln. Mit
L MAGGI Würzmischung 1	würzen.
3 EL Aceto Balsamico	mit
1 EL Zucker, braun	
¹/₂ Stange Zimt	und
2 Nelken	heiß werden lassen, zugedeckt ca. 5 Min. ziehen lassen. Mit
2 EL Walnussöl	unter den Rotkohl mischen. Kohl stampfen und mind. 1 Std. ziehen lassen.
1 Apfel, säuerlich, grün	waschen, in Viertel schneiden, Kerngehäuse entfernen, Apfel in Stifte schneiden und untermischen.
cheiben Vollkorntoastbrot	in fingerbreite Streifen schneiden, in
2 EL Walnussöl	goldbraun rösten, zur Seite stellen. In der gleichen Pfanne
EL Walnusskerne, gehackt	mit
3 EL Ahornsirup	karamellisieren und herausnehmen. Restlichen Sirup über die Toastbrotstreifen träufeln.
1 (ca. 250 g) Entenbrust	waschen, trockentupfen, mit
MAGGI Würzmischung 1	würzen.
	In einer Pfanne
1 EL THOMY	
Reines Sonnenblumenöl	heiß werden lassen und die Entenbrust darin ca. 15 Min. braten. 5 Min. ruhen lassen und in Scheiben schneiden.
6 Salatblätter	putzen, waschen. Rotkohlsalat darauf anrichten. Mit Walnüssen bestreuen. Toaststreifen und Entenbruststreifen dazu servieren.
	Zubereitung ohne Standzeit.

MAGGI KOCHSTUDIO Ernährungsinfo:	*Je Portion:* *B: 1479 kJ (353 kcal)* *N: E 11 g, KH 24 g, F 21 g*

Feldsalat mit Linsen

4 Portionen

Zubereitungszeit:	25 Min.
	In einem Topf
300 ml Wasser	zum Kochen bringen und
1 Würfel MAGGI	
Klare Fleischsuppe	darin auflösen.
100 g Linsen, rot	zugeben, ca. 7 Min. kochen und etwas abkühlen lassen. Mit
4 EL Aceto Balsamico	
3 EL Walnussöl	und
1 Prise Pfeffer a. d. Mühle	würzen und abschmecken.
4 Tomaten	brühen, häuten, den Blütenansatz entfernen und die Tomaten in kleine Würfel schneiden.
200 g Feldsalat	putzen und waschen.
100 g Speck, durchwachsen	
u. geräuchert	in Würfel schneiden und in einer Pfanne ohne Fett braten.
1 Scheibe Toastbrot	in Würfel schneiden und in dem Speckfett goldbraun rösten. Tomaten und Feldsalat mit den Linsen mischen. Salat auf Tellern anrichten, mit Speck- und Toastbrotwürfeln garniert servieren.

MAGGI KOCHSTUDIO Ernährungsinfo:	*Je Portion:* *B: 1598 kJ (381 kcal)* *N: 11 g, KH 21 g, F 27 g*

Warmer Hähnchen-brustsalat

4 Portionen

Zubereitungszeit:	25 Min.
3 (à 125 g) Hähnchenbrustfilets	waschen, trockentupfen und in Würfel schneiden.
1 Knoblauchzehe	schälen, durchpressen, mit
2¹/₂ EL MAGGI Würze	und
1 EL Speisestärke	verrühren und mit dem Hähnchenfleisch mischen. In einer Pfanne
4 EL THOMY Reines Sonnenblumenöl	heiß werden lassen und das Hähnchenfleisch ca. 10 Min. braten.
1 Bund Frühlingszwiebeln	putzen, waschen und in Ringe schneiden.
1 Paprikaschote, rot	putzen, waschen, Kerne und weiße Innenhäute entfernen und in Würfel schneiden. Gemüse nach 8 Min. zugeben und mitdünsten.
1 Zitrone	in Hälften schneiden. Eine Hälfte auspressen, die andere Hälfte in Scheiben schneiden. Den Zitronensaft zum Fleisch gießen. Mit
Pfeffer, frisch gemahlen	würzen und abschmecken.
¹/₂ Kopf Eisbergsalat	putzen, waschen und in Streifen schneiden.
¹/₂ Bund Petersilie	waschen, Blättchen von den Stielen zupfen und klein schneiden. Den Salat auf 4 Tellern verteilen, Fleisch und Gemüse darauf anrichten und mit Petersilie und Zitronenscheiben garniert servieren.

Servieren Sie dazu Baguette.

MAGGI KOCHSTUDIO
Ernährungsinfo:

Je Portion:
B: 1055 kJ (252 kcal)
N: E 24 g, KH 6 g, F 13 g

Lollo Bianco mit Putenbrust und Parmesanhobeln

4 Portionen

Zubereitungszeit:	30 Min.
1 Kopf Lollo Bianco	putzen, waschen und in mundgerechte Stücke zerpflücken.
100 g Cocktailtomaten	waschen.
200 g Putenbrustfilets MAGGI Würzmischung 1	waschen, trockentupfen und mit würzen.
	In einer Pfanne
1 TL THOMY Reines Sonnenblumenöl	heiß werden lassen, das Putenbrustfilet von beiden Seiten ca. 3 Min. braten und warm stellen.
	Das Gemüse mit
1 Glas (250 ml) THOMY Joghurt Salat-Creme	mischen. Die Putenbrust in dünne Scheiben schneiden und lauwarm auf dem Salat anrichten.
40 g Parmesan	grob hobeln und den Salat damit garniert servieren.
	Servieren Sie dazu Baguette.

MAGGI KOCHSTUDIO
Ernährungsinfo:

Je Portion:
B: 1291 kJ (308 kcal)
N: E 17 g, KH 10 g, F 21 g

Insalata con pollo
Foto

4 Portionen

Zubereitungszeit:	30 Min.
800 g Staudensellerie	putzen, waschen und in ca. 7 cm lange Stücke schneiden.
2 Möhren	putzen, waschen, schälen und in Scheiben schneiden.
	In einem Topf
½ l Wasser 1 Würfel MAGGI Klare Hühnersuppe	zum Kochen bringen. darin auflösen.
500 g Hähnchenbrustfilets	waschen, trockentupfen und mit Staudensellerie und Möhren zugeben und zugedeckt 30 Min. kochen. Die Brühe erkalten lassen. Hähnchenbrustfilets aus der Brühe nehmen und in schräge Scheiben schneiden. Für die Vinaigrette:
1 Ei	hart kochen, pellen und klein schneiden.
1 Tomate	waschen, den Blütenansatz entfernen und in kleine Würfel schneiden.
2 EL Oliven, schwarz	entsteinen und klein schneiden. Beides mit
2 EL Kapern	und
2 EL Petersilie, gehackt	in die Brühe geben.
3 EL Weißweinessig	und
3 EL Olivenöl	zufügen und alles gut verrühren. Die Vinaigrette mit dem Gemüse und der verbliebenen Brühe gut mischen und auf Teller verteilen, Hähnchenbrustfilets darauf anrichten.

Tipp: Servieren Sie dazu Roggenbrötchen.

MAGGI KOCHSTUDIO
Ernährungsinfo:

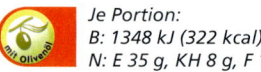

Je Portion:
B: 1348 kJ (322 kcal)
N: E 35 g, KH 8 g, F 16 g

Nudelsalat »Asia«

4 Portionen

Zubereitungszeit:	60 Min.
150 g Hähnchenbrustfilet	waschen, trockentupfen und in dünne Streifen schneiden. In einer Pfanne
1 EL THOMY Reines Sonnenblumenöl	heiß werden lassen. Das Fleisch darin anbraten und abkühlen lassen.
125 g Asiatische Eiernudeln	nach Anweisung auf der Packung zubereiten und abkühlen lassen.
1 Paprikaschote, rot	waschen, Kerne und weiße Innenhäute entfernen und in Streifen schneiden.
1 Möhre, klein	putzen, waschen, schälen und in dünne Stifte schneiden.
1 Zwiebel	schälen und in Ringe schneiden.
5 Champignons	putzen und in Scheiben schneiden.
2 Frühlingszwiebeln	putzen, waschen und in Ringe schneiden.
1 Dose (236 ml) LIBBY'S Ananas Dessert-Stücke	abtropfen lassen.
50 g Sojabohnensprossen	waschen und abtropfen lassen. Alle Zutaten mit den Eiernudeln und
250 ml MAGGI Internationale Würzsauce Asia	mischen. Kurz durchziehen lassen. Auf Tellern anrichten und servieren.

Tipp: Verwenden Sie anstelle der Asiatischen Eiernudeln Gabelspaghetti.

MAGGI KOCHSTUDIO
Ernährungsinfo: *Je Portion:*
B: 1340 kJ (320 kcal)
N: E 14 g, KH 52 g, F 4 g

Bulgursalat mit gegrilltem Gemüse

6 Portionen

Zubereitungszeit:	35 Min.
½ l Wasser	in einem Topf zum Kochen bringen.
3 TL MAGGI Bouillon Mediterranea	darin auflösen. Topf von der Kochstelle nehmen.
150 g Bulgur	einrühren. Zugedeckt ca. 25 Min. ausquellen lassen.
2 Paprikaschoten, rot und gelb	waschen, Kerne und weiße Innenhäute entfernen und in Viertel schneiden. Mit der Hautseite nach oben auf ein Backblech legen. Unter dem Grill ca. 10 Min. rösten, bis die Haut Blasen wirft. Herausnehmen, in eine Schüssel geben und mit einem Teller abdecken. 10 Min. ruhen lassen. Anschließend die Haut abziehen und in Rauten schneiden.
1 Zucchini	putzen, waschen und in Scheiben schneiden.
1 Aubergine	putzen, waschen, längs halbieren und in Scheiben schneiden. Mit
Fondor	bestreuen und ca. 10 Min. Wasser ziehen lassen. Mit
1 Stück Küchenkrepp	trockentupfen.
2 Zwiebeln, rot	schälen und in Ringe schneiden. In einer Pfanne
2 EL Olivenöl	heiß werden lassen. Das Gemüse portionsweise von beiden Seiten braten. Gemüse und Bulgur in eine Schüssel geben.
100 g Heidelbeeren	waschen.
2 Stängel Minze	waschen, Blättchen von den Stielen zupfen und klein schneiden. Mit den Heidelbeeren zu dem Salat geben.
1 Beutel MAGGI Salat mit Pfiff »Kräuter-Paprika«	mit
3 EL Wasser	und
3 EL Olivenöl	verrühren. Über die Zutaten geben und mischen.

Der Salat kann lauwarm oder kalt serviert werden.
Anstelle der Heidelbeeren können Sie rote Johannisbeeren verwenden.

MAGGI KOCHSTUDIO
Ernährungsinfo:

Je Portion:
B: 906 kJ (216 kcal)
N: E 5 g, KH 22 g, F 11 g

Nudelsalat »Tuna«
Foto

6 Portionen

Zubereitungszeit:	20 Min.
250 g BUITONI Farfalle	nach Anweisung auf der Packung zubereiten, abtropfen und abkühlen lassen.
1 Dose (210 g) Thunfisch, naturell	abtropfen lassen und mit einer Gabel grob zerpflücken.
10 Cocktailtomaten	waschen und vierteln.
1 Glas (250 ml) THOMY Gourmet-Remoulade	mit
150 ml Milch	und
1 TL THOMY Delikatess-Senf	glatt rühren. Mit
1 Prise Pfeffer a. d. Mühle	würzen und abschmecken. Die Salatzutaten mit der Soße mischen und durchziehen lassen.
2 EL Pinienkerne	in einer beschichteten Pfanne ohne Fett rösten und über den Salat streuen.
	Mit
1 EL Basilikumblätter, gehackt	garniert servieren.

MAGGI KOCHSTUDIO
Ernährungsinfo:

Je Portion:
B: 2077 kJ (496 kcal)
N: E 14 g, KH 36 g, F 32 g

Suppen
& Eintöpfe

Was Sie wissen sollten!

 Einteilung:

Man unterscheidet klare und gebundene Suppen.

Zu den *klaren Suppen* zählen z. B. Fleischbrühe und Gemüsebrühe. Das Fleisch bzw. das Gemüse geben Geschmack, werden aber nicht mit der Suppe serviert.

Gebundene Suppen werden meist aus stärkehaltigen Lebensmitteln zubereitet, z. B. aus Kartoffeln. Oft wird die Suppe püriert oder durch ein Sieb passiert und außerdem mit Sahne oder Crème fraîche verfeinert und gebunden.

Für *Eintöpfe* gart man verschiedene Zutaten wie z. B. Hülsenfrüchte und reichlich Gemüse zusammen in einem Topf. Die bekanntesten Eintöpfe sind der Erbsen- und der Linseneintopf.

Eintöpfe sollten Sie als Hauptgericht servieren, da sie in der Regel sehr kräftig und sättigend sind. Klare und gebundene Suppen dagegen eignen sich gut als Vorspeise oder kleine Mahlzeit.

 Suppeneinlage:

Vor allem klare Suppen werden häufig mit Einlage serviert, z. B. mit Fleisch, Gemüse, Flädle, Backerbsen oder Eierstich. Frisch gehackte Kräuter, geröstete Nüsse oder Brot-Croûtons sind ebenfalls leckere Suppeneinlagen.

 Aufbewahrung:

Suppe können Sie in einem gut verschlossenen Gefäß im Kühlschrank bis zu 3 Tage aufbewahren. Tiefgefroren halten sich Suppen bis zu 3 Monate.

Vorsicht, wenn die Suppe mit Sahne oder Ei zubereitet wurde, gerinnt sie eventuell beim Einfrieren. Lassen Sie die Suppe im Kühlschrank auftauen und schmecken Sie sie vor dem Servieren noch mal ab, beim Einfrieren geht meist etwas Würzung verloren.

Rindfleischbrühe

Zutaten für ca. 1,3 l Rindfleischbrühe:
3 l Wasser
500 g Rinderknochen

1 Bund Suppengrün, bestehend aus:
2 Möhren
2 Stangen Staudensellerie
1 Stange Lauch
5 Stängel Petersilie

1 Tomate
Salz
250 g Rindfleisch
Pfeffer aus der Mühle

1 1½ l Wasser in einen großen Topf gießen und zum Kochen bringen. Rinderknochen zugeben und zugedeckt ca. 5 Min. kochen lassen.

2 Die Knochen herausnehmen und mit kaltem Wasser abbrausen. Das Kochwasser ausgießen und den Topf ausspülen.

3 Möhren, Staudensellerie und Lauch putzen und waschen. Petersilie waschen und trockentupfen. Tomate waschen und den Blütenansatz entfernen. Alles in grobe Stücke schneiden.

4 1½ l Wasser und Salz in einen Topf geben. Geschnittenes Gemüse, Knochen und Rindfleisch zugeben.

5 Die Brühe bei geringer Wärmezufuhr ca. 2 Std. kochen lassen.

6 Nach der Garzeit die Brühe langsam durch ein Sieb in einen weiteren Topf abgießen. Mit Salz und Pfeffer würzen und abschmecken.

Tipp!

Beim Kochen der Rindfleischbrühe kann sich Schaum bilden. Schöpfen Sie diesen mit einer Schöpfkelle immer wieder ab!

Kraftbrühe

Zutaten für ca. 1 l Kraftbrühe:
ca. 1,3 l Rindfleischbrühe (s. Seite 36)
2 Möhren
¼ Knollensellerie
1 Stange Lauch
5 Eiweiß
500 g Rinderhackfleisch

1 Möhren und Knollensellerie putzen, schälen und in kleine Würfel schneiden. Lauch putzen, waschen und in kleine Streifen schneiden.

2 Möhren, Sellerie und Lauch in eine Schüssel geben. Eiweiß und Rinderhackfleisch zufügen und mit dem Gemüse vermengen. Diese Masse ergibt die so genannte »Klärmasse«.

3 Die kalte Rindfleischbrühe in einen Topf gießen und die Klärmasse unterrühren. Die Brühe sehr langsam zum Kochen bringen, dabei immer wieder vorsichtig und behutsam umrühren, damit nichts anbrennt.

4 Die Brühe ca. 5 Min. bei geringer Wärmezufuhr kochen lassen, dann ohne Wärmezufuhr ca. 30 Min. ziehen lassen. Die Klärmasse verfestigt sich und setzt sich an der Oberfläche ab.

5 Ein Sieb mit einem feuchten Küchenhandtuch oder einem Passiertuch auslegen und über einen weiteren Topf halten. Die Kraftbrühe nach und nach hineinschöpfen, die Klärmasse bleibt im Sieb zurück.

6 Die fertige Kraftbrühe je nach Belieben mit Suppeneinlage (z. B. Flädle, Eierstich) servieren.

Info!

Wenn Sie ein Küchenhandtuch zum Passieren verwenden, mehrmals unter heißem Wasser ausspülen, auswringen und erkalten lassen, um eventuelle Waschmittelreste auszuschwemmen.

Hühnerbrühe

Zutaten für ca. 1 l Hühnerbrühe:
1 Suppenhuhn von ca. 800 g
(oder Geflügelklein)
1 Zwiebel
2 Stangen Staudensellerie
2 Möhren

Für das Bouquet garni:
2 große Lauchblätter
1 Zweig Rosmarin
5 Zweige Thymian
5 Stängel Petersilie

2 Lorbeerblätter
20 Pfefferkörner
10 Wacholderbeeren
2–3 l Wasser
Salz und Pfeffer aus der Mühle

1 Suppenhuhn waschen und trockentupfen. Zwiebel schälen. Staudensellerie putzen und waschen. Möhren putzen, waschen und schälen. Das Gemüse grob würfeln und das Bouquet garni vorbereiten (siehe unten).

2 Suppenhuhn mit Gemüsewürfeln, Bouquet garni und Gewürzen in einen Topf geben und mit kaltem Wasser auffüllen, sodass das Geflügel bedeckt ist.

3 Alles langsam zum Kochen bringen und ca. 1½ bis 2 Std. bei mittlerer Wärmezufuhr kochen lassen. Wenn Schaum auftritt, diesen mit einer Schöpfkelle immer wieder vorsichtig abschöpfen.

4 Das Geflügel und die Brühe durch ein Sieb in einen weiteren Topf umgießen. Die Brühe erhitzen und mit Salz und Pfeffer würzen und abschmecken.

5 Die fertige Hühnerbrühe nach Belieben weiterverarbeiten (z. B. für Suppen, Soßen).

Info!

Für das Bouquet garni werden zwei große äußere Lauchblätter auf 15 cm Länge gekürzt und überlappend auf die Arbeitsplatte gelegt. Auf die Lauchblätter gibt man 1 Zweig Rosmarin, 5 Zweige Thymian und 5 Petesilienstängel, rollt den Lauch ein und bindet die Rolle mit Küchengarn zusammen.

Gemüsebrühe

Zutaten für ca. 1,5 l Gemüsebrühe:
1 Zwiebel
2 Schalotten
1 Stange Lauch
1 Fenchelknolle
2 Möhren
100 g Staudensellerie
200 g Champignons
6 Stängel Petersilie
3 EL THOMY Reines Sonnenblumenöl
3 Knoblauchzehen
2 Lorbeerblätter
3 Nelken
2 EL Meersalz
15 weiße Pfefferkörner
2 l Wasser
Salz und Pfeffer aus der Mühle

1 Zwiebel und Schalotten schälen. Lauch und Fenchel putzen und waschen. Möhren putzen und schälen. Champignons und Staudensellerie putzen. Das gesamte Gemüse in grobe Stücke schneiden. Petersilie waschen, trockentupfen und die Blättchen von den Stielen zupfen.

2 In einem großen Topf THOMY Reines Sonnenblumenöl heiß werden lassen. Zwiebel und Schalotten darin glasig andünsten. Ungeschälte Knoblauchzehen mit einem Messer kurz andrücken. Gemüse und Knoblauchzehen zugeben und ca. 5 Min. dünsten.

3 Lorbeerblatt, Nelken, Petersilie, Meersalz und Pfefferkörner zugeben. Wasser zugießen und alles kurz aufkochen. Ca. 20 Min. bei mittlerer Wärmezufuhr kochen lassen.

4 Die Brühe durch ein Sieb in einen weiteren Topf umgießen und mit Salz und Pfeffer würzen und abschmecken.

Fischbrühe

Zutaten für ca. 1,5 l Fischbrühe:
500 g Fischkarkassen
(Fischgräten und -köpfe)
2 Schalotten
2 Stangen Staudensellerie
10 kleine Champignons
1 Zitrone (unbehandelt)
20 g Butter

Für das Bouquet garni:
2 große Lauchblätter
1 Zweig Rosmarin
5 Zweige Thymian
5 Stängel Petersilie

1 Lorbeerblatt
5 Pfefferkörner
2 Wacholderbeeren
2 l Wasser
Salz und Pfeffer aus der Mühle

1 Fischkarkassen unter kaltem Wasser abbrausen. Schalotten schälen und fein würfeln. Staudensellerie putzen und waschen. Champignons putzen und beides grob würfeln. Das Bouquet garni zubereiten (s. Seite 38).

2 Zitrone waschen und abtrocknen. Die Schale auf einer Küchenreibe fein abreiben.

3 In einem großen Topf Butter heiß werden lassen und die Schalotten darin glasig andünsten.

4 Fischkarkassen, Gemüse und Bouquet garni, Lorbeerblatt, Pfefferkörner, Wacholderbeeren und abgeriebene Zitronenschale in den Topf geben und Wasser zugießen. Alles langsam zum Kochen bringen.

5 Die Brühe durch ein Sieb in einen weiteren Topf umgießen. Um die Brühe zu konzentrieren, ca. 30 Min. bei mittlerer Wärmezufuhr kochen lassen. Die Fischbrühe mit Salz und Pfeffer würzen und abschmecken.

Spargelcremesuppe

Zutaten für 4 Teller:
500 g Spargel
60 g Butter
30 g Mehl
1 l Wasser
2 TL MAGGI Klare Gemüsebrühe
125 ml Sahne
Salz und Pfeffer aus der Mühle

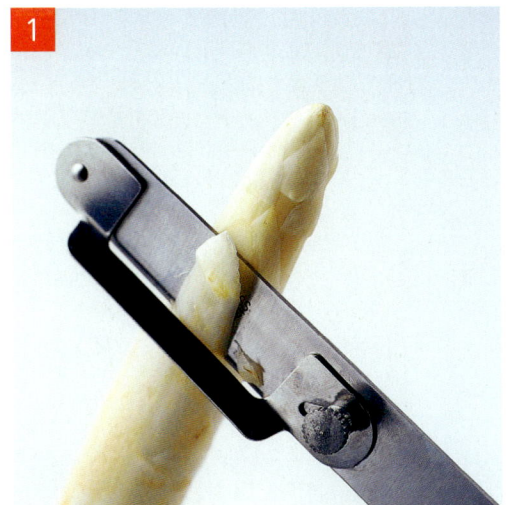

1 Den Spargel waschen und die unteren Enden abschneiden. Die Spargelstangen vom Kopf zum Ende hin schälen. Dafür den Gemüseschäler ca. 2–3 cm unter dem Spargelkopf ansetzen und die Spargelstangen auf dem Handballen abstützen, da sie sehr leicht brechen. Die Spargelstangen in ca. 2–3 cm lange Stücke schneiden.

2 In einem Topf Butter heiß werden lassen. Mehl zugeben und unter ständigem Rühren hellgelb andünsten.

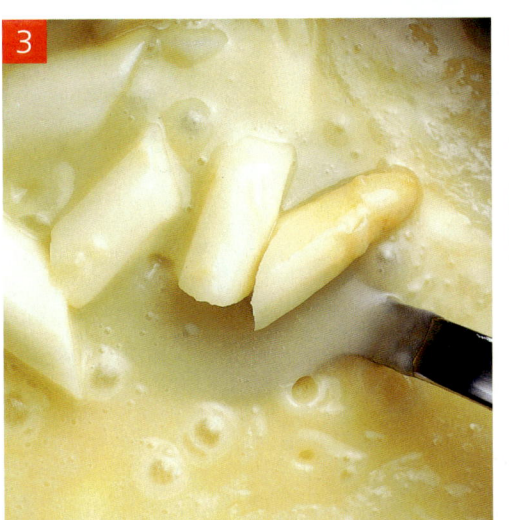

3 Die Mehlschwitze mit Wasser ablöschen, MAGGI Klare Gemüsebrühe zugeben und aufkochen lassen. Die Spargelstücke zugeben und ca. 15–20 Min. bei mittlerer Wärmezufuhr kochen lassen.

4 Die Suppe mit einem Stabmixer pürieren. Die Sahne zugießen und verrühren. Die Suppe nicht mehr aufkochen lassen, da die Sahne gerinnen könnte.

5 Die Spargelcremesuppe mit Salz und Pfeffer würzen und abschmecken und in Tellern anrichten.

Linseneintopf

Zutaten für 4 Portionen:
200 g braune Linsen
50 g Speck, durchwachsen und geräuchert
1 Zwiebel
2 Möhren
1 Stange Staudensellerie
40 g Butter
1 TL THOMY Tomadoro Tomatenmark
1 l Wasser
2 TL MAGGI Bouillon Rusticale
300 g festkochende Kartoffeln
1 Stange Lauch
1 Bund Petersilie
Salz und Pfeffer aus der Mühle
Zucker
4 EL Aceto Balsamico

1 Die Linsen über Nacht in reichlich Wasser einweichen. Die Linsen abgießen. Das Einweichwasser wird nicht mehr verwendet. Den Speck in feine Würfel schneiden. Zwiebel und Möhren schälen. Staudensellerie putzen und mit dem restlichen Gemüse in gleichmäßige Würfel schneiden.

2 In einem Topf den Speck ca. 5 Min. auslassen. Butter zufügen und heiß werden lassen. Gemüse zugeben und ca. 3 Min. mitdünsten. THOMY Tomadoro Tomatenmark zugeben und alles weitere 5 Min. schmoren.

3 Wasser, MAGGI Bouillon Rusticale und die eingeweichten Linsen zugeben und bei geringer Wärmezufuhr ca. 20 Min. kochen.

4 Kartoffeln schälen, waschen und in 1 cm große Würfel schneiden. Die Kartoffelwürfel nach ca. 20 Min. zu den Linsen geben und weitere 20 Min. garen. Lauch putzen, waschen und in Ringe schneiden. Ebenfalls zu den Linsen geben und ca. 5 Min. bei geringer Wärmezufuhr mitkochen. Petersilie waschen, mit Küchenpapier trockentupfen und fein hacken.

5 Linseneintopf mit Salz, Pfeffer, Zucker und Aceto Balsamico würzen, abschmecken und mit der gehackten Petersilie bestreuen.

Gazpacho

Zutaten für 4 Portionen:
700 g vollreife Tomaten
$1/2$ l Wasser
1 TL MAGGI Bouillon Mediterranea
2 Zwiebeln
1 Salatgurke (ca. 700 g)
2 grüne Paprikaschoten
4 Knoblauchzehen
3 EL Sherry-Essig
6 EL Olivenöl
200 g Toastbrot
40 g Butter
Salz und Pfeffer aus der Mühle

1 Tomaten waschen und den Blütenansatz entfernen. An der Unterseite kreuzweise einschneiden und kurz in kochendes Wasser geben. Wenn sich die Haut abzulösen beginnt, Tomaten mit einem Schaumlöffel herausheben und mit kaltem Wasser abschrecken.

2 Tomaten häuten, vierteln, Kerngehäuse entfernen und das Fruchtfleisch in Würfel schneiden. 2 EL Tomatenwürfel beiseite stellen. In einem Topf Wasser zum Kochen bringen, MAGGI Bouillon Mediterranea darin auflösen und abkühlen lassen.

3 Zwiebeln schälen. Die Gurkenenden abschneiden. Gurke schälen, längs halbieren und Kerne mit einem Löffel entfernen. Paprikaschoten waschen, längs halbieren, Kerne und weiße Innenhäute entfernen. Sämtliche Gemüse in Würfel schneiden und je 2 EL beiseite stellen. Knoblauch schälen und in kleine Würfel schneiden.

4 Gemüse in die abgekühlte Bouillon geben, Essig und Olivenöl zugeben und mit einem Mixer pürieren. Gazpacho kalt stellen.

5 Toastbrot entrinden und in gleichgroße Würfel schneiden. In einer Pfanne Butter heiß werden lassen und die Brotwürfel darin goldbraun anrösten.

6 Gekühlte Gazpacho mit Salz und Pfeffer würzen. In einer kleinen Schüssel Tomaten-, Zwiebel-, Gurken- und Paprikawürfel mischen und zusammen mit den Brotcroûtons vor dem Servieren über die Suppe streuen.

Tomaten-Gourmet-Bouillon mit Klößchen

4 Teller

Zubereitungszeit:	30 Min.
100 g Frischkäse	mit
50 g Paniermehl	
2 Eigelbe	und
10 g Butter	verkneten. Mit
MAGGI Würzmischung 1	und
1 Prise Oregano	würzen und abschmecken. Den Teig zugedeckt im Kühlschrank ca. 15 Min. ruhen lassen.
400 g Tomaten	brühen, häuten, den Blütenansatz entfernen, entkernen und in Würfel schneiden.
5 Tomaten in Öl	abtropfen lassen und in Streifen schneiden.
1 Bund Schnittlauch	waschen und in Röllchen schneiden. In einem Topf
750 ml Wasser	zum Kochen bringen.
3 EL MAGGI Gourmet Bouillon Gemüse	zugeben.

Aus dem Teig kleine Klößchen formen. In die Bouillon geben und ca. 12 Min. garziehen lassen. In den letzten 2 Min. Tomatenwürfel und -streifen zugeben und mitgaren.

Die Suppe in Teller verteilen und mit den Schnittlauchröllchen garniert servieren.

MAGGI KOCHSTUDIO Ernährungsinfo:
Je Teller:
B: 1045 kJ (249 kcal)
N: E 13 g, KH 29 g, F 9 g

Bouillon mit buntem Eierstich
Foto

4 Tassen

Zubereitungszeit:	60 Min.

	In einer Schüssel
4 Eier	mit
6 EL Milch	verquirlen. Mit
MAGGI Würzmischung 2	würzen und auf 3 Portionen aufteilen.
	Je 1 Portion mit
1 TL Tomatenmark	oder
1 Prise Safran	oder
1 TL Kräuter, gehackt (Dill, Petersilie, Schnittlauch)	einfärben. Auflaufförmchen mit
10 g Butter/Margarine	einfetten, Eimischungen getrennt einfüllen, mit
1 Stück Aluminiumfolie	abdecken. In einem Topf Wasser zum Kochen bringen. Förmchen hinein-stellen, sodass sie ca. $2/3$ im Wasser stehen. Eimasse ca. 30 Min. stocken lassen. Den fertigen Eierstich stürzen und in Würfel schneiden oder mit kleinen Förmchen ausstechen.
	In einem Topf
1 l Wasser	zum Kochen bringen und
4 TL MAGGI Bouillon Rusticale	darin auflösen. Den Eierstich in die Suppe geben und nach Wunsch mit Kräutern garniert servieren.

MAGGI KOCHSTUDIO
Ernährungsinfo:
Je Tasse:
B: 621 kJ (148 kcal)
N: E 9 g, KH 2 g, F 10 g

Feine Gemüsebrühe mit Paprikawürfeln

3 Tassen

Zubereitungszeit:	15 Min.

3 Paprikaschoten, rot, gelb, grün	waschen, Kerne und weiße Innen-häute entfernen und in kleine Würfel schneiden.
	In einem Topf
2 EL THOMY Reines Sonnenblumenöl	heiß werden lassen und die Paprika-schoten darin andünsten.
$3/4$ l Wasser	zugießen, zum Kochen bringen.
3 TL MAGGI Klare Gemüsebrühe	darin auflösen.
100 g Doppelrahm-Frischkäse	mit
2 EL Sahne, süß	verrühren. Gemüsebrühe auf Tassen verteilen und Frischkäse darauf geben. Vor dem Servieren
Pfeffer, frisch gemahlen	darüber streuen.

MAGGI KOCHSTUDIO
Ernährungsinfo:
Je Tasse:
B: 1049 kJ (250 kcal)
N: E 6 g, KH 6 g, F 22 g

Nordischer Fischtopf

Foto

6 Teller

Zubereitungszeit:	40 Min.
600 g Fisch-Filet	(nach Belieben und Verfügbarkeit z. B. Kabeljau, Dorsch, Schellfisch, Wittling, Scholle, Seelachs, Seezunge) waschen, trockentupfen und in mundgerechte Stücke schneiden. Mit
50 g Nordseekrabben	mischen. Mit
2 EL Zitronensaft	und
MAGGI Würzmischung 4	würzen.
1 Stange Lauch	putzen, waschen und in Ringe schneiden.
3 Möhren	putzen, waschen, schälen und in Scheiben schneiden.
3 Stangen Staudensellerie	putzen, waschen und in Scheiben schneiden.
1 l Wasser	in einem Topf zum Kochen bringen.
5 TL MAGGI Klare Gemüsebrühe	darin auflösen. Das Gemüse zugeben und ca. 10 Min. bei geringer Wärmezufuhr garen. Den Fisch zur Suppe geben und weitere 5 Min. gar ziehen lassen. Dabei nur vorsichtig umrühren, damit der Fisch nicht zerfällt.

Servieren Sie dazu Knoblauch-Baguette.

MAGGI KOCHSTUDIO
Ernährungsinfo:

Je Teller:
B: 517 kJ (123 kcal)
N: E 21 g, KH 4 g, F 2 g

Fischsuppe mit Gemüse

2 Teller

Zubereitungszeit:	25 Min.
300 g Kabeljau-Filet	waschen, trockentupfen und in Stücke schneiden und mit
2 EL Zitronensaft	marinieren.
1 Paprikaschote, rot	waschen, Kerne und weiße Innenhäute entfernen und in kleine Würfel schneiden.
2 Tomaten	waschen, den Blütenansatz entfernen und klein schneiden.
2 Frühlingszwiebeln	putzen, waschen und in Ringe schneiden. In einem Topf
1 EL THOMY Reines Sonnenblumenöl	heiß werden lassen und das Gemüse darin andünsten.
500 ml Wasser	zugießen.
1 TL MAGGI Klare Gemüsebrühe	darin auflösen und ca. 5 Min. garen. Die Fischwürfel zugeben und ca. 5 Min. in der Brühe gar ziehen lassen.
½ Bund Dill	waschen, Blättchen von den Stielen zupfen und klein schneiden. Die Suppe in Tellern anrichten und mit dem Dill garniert servieren.

MAGGI KOCHSTUDIO
Ernährungsinfo:

Je Teller:
B: 821 kJ (196 kcal)
N: E 29 g, KH 5 g, F 5 g

Caribische Pumpkin Soup

5 Tassen

Zubereitungszeit:	40 Min.
1 Zwiebel	schälen und in Würfel schneiden. In einem Topf
10 g Butter	heiß werden lassen, Zwiebel darin dünsten.
650 g Kürbis	in Spalten teilen, Kerne mit einem Löffel entfernen, schälen, in Würfel schneiden und zu den Zwiebeln geben.
300 ml Wasser	zugießen und zum Kochen bringen.
2 TL MAGGI Klare Hühner-Bouillon	darin auflösen. Mit
Thymian	
Muskatblüte, gemahlen	
Salz	und
Pfeffer, weiß	würzen. Ca. 15 Min. kochen.
1/4 Chilischote	waschen, Kerne und weiße Innenhäute entfernen. Chilischote in kleine Stücke schneiden, zu der Suppe geben und 2 Min. mitkochen. Suppe mit dem Schneidstab pürieren.
1/2 EL Limonensaft	unterrühren. Von
150 ml Sahne, süß	3 EL in die Suppe rühren. Restliche Sahne steif schlagen.
3 EL Kürbiskerne	grob hacken und in einer Pfanne ohne Fett rösten. Die Suppe mit der geschlagenen Sahne und den Kürbiskernen garniert servieren .

MAGGI KOCHSTUDIO Ernährungsinfo:

Je Tasse:
B: 890 kJ (212 kcal)
N: E 5 g, KH 10 g, F 16 g

Exotische Gemüsecremesuppe mit Hähnchenbrust
Foto

4 Teller

Zubereitungszeit:	20 Min.
1 (ca. 125 g) Hähnchenbrustfilet	waschen, trockentupfen und in Würfel schneiden. In einem Topf
2 EL THOMY Reines Sonnenblumenöl	heiß werden lassen und das Fleisch ca. 3 Min. darin anbraten. Mit
Fondor	und
1 TL Curry	würzen.
300 g Leipziger Allerlei Gemüse	zufügen und andünsten.
1/2 l Wasser	zugießen.
1 Beutel MAGGI Meisterklasse Broccoli-Cremesuppe	einrühren. Unter Rühren aufkochen und bei geringer Wärmezufuhr 5 Min. kochen. Dabei gelegentlich umrühren.
100 ml Kokosmilch	unterrühren und heiß werden lassen.

MAGGI KOCHSTUDIO Ernährungsinfo:

Je Teller:
B: 945 kJ (225 kcal)
N: E 11 g, KH 10 g, F 15 g

Avocadocremesuppe mit Räucherlachs

6 Tassen

Zubereitungszeit:	20 Min.
	In einem Topf
10 g Butter	heiß werden lassen.
1 TL Curry	darin anschwitzen.
½ l Wasser	zugießen und zum Kochen bringen.
3 TL MAGGI Klare Brühe	darin auflösen.
1 Avocado	halbieren, den Kern entfernen, schälen, Fruchtfleisch mit einem Schneidstab pürieren, mit
3 EL Crème fraîche	verrühren und in die Suppe einrühren. Mit
MAGGI Würzmischung 1	würzen.
2 TL Zitronensaft	und
1 TL Honig	zufügen und abschmecken.
1 Bund Dill	waschen, klein schneiden und unterrühren. Etwas Dill für die Garnitur zur Seite legen.
60 g Räucherlachs	in Streifen schneiden, die Suppe in Suppentassen anrichten, Räucherlachsstreifen darübergeben und mit dem restlichen Dill garniert servieren.

Servieren Sie dazu Weißbrot.

MAGGI KOCHSTUDIO
Ernährungsinfo:
Je Tasse:
B: 688 kJ (164 kcal)
N: E 4 g, KH 3 g, F 15 g

Erbsencremesuppe mit Sahne-Meerrettich
Foto oben

4 Tassen

Zubereitungszeit:	40 Min.
	In einem Topf
10 g Butter/Margarine	heiß werden lassen.
2 Packungen (à 300 g) Erbsen, tiefgefroren	zufügen und kurz andünsten.
½ l Wasser	und
¼ l Milch	zugießen, zum Kochen bringen.
½ Würfel MAGGI Klare Suppe mit Suppengrün	darin auflösen. Alles ca. 10 Min. kochen. Mit dem Schneidstab pürieren. Nochmals aufkochen und mit
3 EL MAGGI Soßenbinder für helle Soßen	binden.
½ Becher (125 g) Sahne, süß	steifschlagen. Mit
3 EL THOMY Meerrettich	verrühren und zu der Erbsencremesuppe servieren.

MAGGI KOCHSTUDIO
Ernährungsinfo:
Je Tassen:
B: 812 kJ (194 kcal)
N: E 3 g, KH 15 g, F 12 g

Feuriger Linseneintopf
Foto unten

4 Teller

Zubereitungszeit:	50 Min.
1 Stange Lauch, groß	putzen, waschen und in Ringe schneiden.
4 Möhren	putzen, waschen, schälen und in Würfel schneiden.
1 Chilischote, rot	waschen, Kerne und weiße Innenhäute entfernen und in Scheiben schneiden. In einem Topf
2 EL THOMY Reines Sonnenblumenöl	heiß werden lassen. Lauch, Möhren und Chilischote darin andünsten.
120 g Linsen, braun	und
120 g Linsen, schwarz	zugeben.
1¹/₂ l Wasser	zugießen, zum Kochen bringen und
3 TL MAGGI Klare Gemüsebrühe	darin auflösen. Bei geringer Wärmezufuhr 20 Min. zugedeckt garen.
100 g Linsen, rot	zugeben und weitere 15 Min. garen.
100 ml Weißwein	zugießen und mit
1 TL Zucker, braun	und
1 Prise Safran	würzen und abschmecken.
2 Stängel Basilikum	waschen, Blättchen von den Stielen zupfen und klein schneiden. Mit
1 Becher Joghurt, 3,5% Fett	verrühren. Eintopf in Tellern anrichten und mit Basilikum-Joghurt servieren.

MAGGI KOCHSTUDIO
Ernährungsinfo:

Je Teller:
B: 1735 kJ (414 kcal)
N: E 24 g, KH 54 g, F 9 g

Kretische Zitronensuppe

4 Teller

Zubereitungszeit: 70 Min.

2 Hähnchenkeulen MAGGI Würzmischung 1	waschen, trockentupfen und mit würzen.
2 EL Olivenöl	In einem Topf heiß werden lassen. Die Hähnchen-keulen darin von beiden Seiten scharf anbraten und mit
5 EL Weißwein	ablöschen.
1 l Wasser	dazugießen.
4 EL MAGGI Gourmet Bouillon Huhn	zugeben und bei mittlerer Wärme-zufuhr ca. 30 Min. zugedeckt kochen lassen.
1 Zwiebel	schälen und in Würfel schneiden.
1 Fenchelknolle, klein	und
1 Stange Staudensellerie	putzen, waschen und jeweils in sehr kleine Würfel schneiden. Das Gemüse mit
1 Lorbeerblatt	zur Suppe geben und weitere 15 Min. zugedeckt kochen.
1 Zitrone, unbehandelt	heiß abwaschen und die Schale dünn abschälen. Anschließend halbieren. Die eine Hälfte in Scheiben schneiden und zur Seite stellen, von der anderen Hälfte den Saft auspressen.
2 Knoblauchzehen	schälen und in dünne Scheiben schneiden. Knoblauch, Zitronensaft und Zitronenschale zur Suppe geben und weitere 5 Min. kochen.
	Anschließend Lorbeerblatt und die Zitronenschale aus der Suppe nehmen. Die Hähnchenkeulen eben-falls herausnehmen, häuten und in mundgerechte Stücke schneiden.
100 ml Sahne, süß	und
40 g Butter	zur Suppe geben, mit dem Schneid-stab pürieren und anschließend durch ein Sieb streichen. Die Suppe mit dem Hähnchen-fleisch in Suppentellern anrichten und mit den Zitronenscheiben
8 Blättchen Zitronenmelisse	und garniert servieren Servieren Sie dazu frisches Weißbrot.

Hinweis: Anstelle der MAGGI Gourmet Bouillon Huhn eine hausgemachte Hühnerbrühe (s. Seite 38) verwenden.

MAGGI KOCHSTUDIO
Ernährungsinfo:

*Je Teller:
B: 1781 kJ (425 kcal)
N: E 20 g, KH 5 g, F 34 g*

Andalusischer Gemüsetopf
Foto

4 Teller

Zubereitungszeit: 45 Min.

100 g Frühstücksspeck	in Würfel schneiden.
250 g Bohnen, grün	putzen, waschen und in Stücke brechen.
300 g Kürbis	in Spalten teilen, Kerne mit einem Löffel entfernen, schälen und in Würfel schneiden.
2 Tomaten	waschen, den Blütenansatz entfernen und in Würfel schneiden.
1 Zwiebel	und
1 Knoblauchzehe	schälen und beides in Würfel schneiden.
2 EL Olivenöl	In einem Topf heiß werden lassen und die Zwiebel und den Knoblauch darin andünsten. Speck zugeben und glasig werden lassen.
1/2 l Wasser	zugießen und
1 Würfel MAGGI Klare Fleischsuppe	darin auflösen. Bohnen, Kürbis und Tomaten zugeben und 20 Min. bei geringer Wärmezufuhr kochen. Mit
1 EL Rotweinessig	und
1 EL Paprikapulver	würzen und abschmecken.
1 Dose (400 ml) Kichererbsen	abtropfen lassen. Kichererbsen zuge-ben und 5 Min. heiß werden lassen.

MAGGI KOCHSTUDIO
Ernährungsinfo:

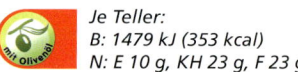

*Je Teller:
B: 1479 kJ (353 kcal)
N: E 10 g, KH 23 g, F 23 g*

Bunter Gemüseeintopf mit Pestocroûtons

4 Teller

Zubereitungszeit:	40 Min.
2 Fleischtomaten	brühen, häuten, den Blütenansatz entfernen und in kleine Würfel schneiden.
3 Stangen Staudensellerie	putzen, waschen und in Scheiben schneiden.
1 Zucchini, groß	putzen und waschen.
1 Möhre, groß	putzen, waschen, schälen. Möhre und Zucchini der Länge nach halbieren und in Scheiben schneiden.
1 Zwiebel	schälen und in kleine Würfel schneiden.
	In einem Topf
1 EL THOMY Reines Sonnenblumenöl	heiß werden lassen. Zwiebel darin andünsten, Gemüse zugeben und kurz mitdünsten.
1 l Wasser	zugießen und zum Kochen bringen.
6 EL MAGGI Gourmet Bouillon Gemüse	zufügen und ca. 20 Min. bei geringer Wärmezufuhr kochen.
	Für die Croûtons:
4 Scheiben Toastbrot	im Toaster toasten und
4 TL BUITONI Fresco Pesto alla Genovese	darauf verteilen und mit
4 TL Parmesan, gerieben	bestreuen. Die Scheiben diagonal in Viertel schneiden und zum Eintopf servieren.

MAGGI KOCHSTUDIO
Ernährungsinfo:

Je Teller:
B: 829 kJ (198 kcal)
N: E 9 g, KH 22 g, F 6 g

Gemüsetöpfchen aus Mallorca
Foto

6 Tassen

Zubereitungszeit:	50 Min.
	Backofen auf 200 °C vorheizen.
500 g Weißkohl	putzen, waschen, den Strunk entfernen und in Streifen schneiden.
Wasser	mit
Salz	zum Kochen bringen. Weißkohl zufügen und ca. 8 Min. garen. Abtropfen lassen.
3 Zwiebeln	schälen und in Würfel schneiden.
2 Knoblauchzehen	schälen und in kleine Würfel schneiden.
500 g Tomaten	brühen, häuten, entkernen, den Blütenansatz entfernen und in Würfel schneiden. In einem Topf
6 EL Olivenöl	heiß werden lassen. Zwiebeln und Knoblauch ca. 3 Min. andünsten.
³/₄ l Wasser	
5 TL MAGGI	
Bouillon Mediterranea	und die Tomatenwürfel zugeben und 5 Min. zugedeckt garen.
¹/₂ Baguette	und
100 g Chorizowurst, Schweinemettwurst mit Knoblauch	in dünne Scheiben schneiden, einige Scheiben für die Dekoration zurück-behalten. In 6 feuerfeste Suppentassen je 1 Brotscheibe legen, ¹/₃ der Chorizowurst und ¹/₃ des Weißkohls darauf schichten. Den Vorgang 2 x wiederholen, mit 1 Scheibe Brot abschließen. Die Suppe darüber verteilen und im Backofen ca. 10 Min. überbacken. Mit den Chorizowurstscheiben und
1 TL Thymian, gehackt	garniert servieren.

MAGGI KOCHSTUDIO
Ernährungsinfo:

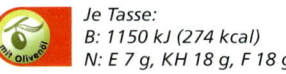

Je Tasse:
B: 1150 kJ (274 kcal)
N: E 7 g, KH 18 g, F 18 g

Bunter Rindfleisch-Eintopf

3 Teller

Zubereitungszeit:	50 Min.
250 g Rindfleisch, Hüfte o. Bug	waschen, trockentupfen, Fett und Sehnen entfernen und in kleine Würfel schneiden.
1 Zwiebel	schälen, in Würfel schneiden. In einem Topf
1 EL THOMY Reines Sonnenblumenöl	heiß werden lassen, Fleisch- und Zwiebelwürfel darin anbraten.
1 l Wasser	zugießen, zum Kochen bringen.
2 Würfel MAGGI Klare Fleischsuppe	darin auflösen, bei mittlerer Hitze ca. 10 Min. garen.
200 g Kartoffeln	waschen, schälen und in Würfel schneiden.
200 g Möhren	putzen, waschen, schälen, in Scheiben schneiden.
200 g Kohlrabi	und
200 g Sellerieknolle	putzen, waschen, schälen und in Würfel schneiden.
1 Blumenkohl, klein	putzen, waschen und in Röschen teilen. Das Gemüse zum Fleisch geben und weitere 25 Min. garen.
	Servieren Sie dazu Baguette.

MAGGI KOCHSTUDIO
Ernährungsinfo:

Je Teller:
B: 1440 kJ (344 kcal)
N: E 25 g, KH 21 g, F 22 g

Griechische Sommersuppe

6 Teller

Zubereitungszeit:	20 Min.
1 Aubergine	putzen, waschen und in kleine Würfel schneiden.
2 EL Olivenöl	In einem Topf heiß werden lassen. Auberginen-würfel darin 3 Min. zugedeckt andünsten.
½ l Wasser	zugießen, zum Kochen bringen.
1 Würfel MAGGI Klare Gemüsebrühe	darin auflösen und 7 Min. kochen. Mit einem Schneidstab pürieren und abkühlen lassen.
½ l Dickmilch	unterrühren.
1 Paprikaschote, rot	und
1 Paprikaschote, grün	putzen, Kerne und weiße Innenhäute entfernen und in kleine Würfel schneiden.
1 Knoblauchzehe	schälen, durchpressen und mit den Gemüsewürfeln in die Suppe geben. Mit
Fondor	und
1 Prise Cayennepfeffer	würzen und abschmecken.
1 Stängel Minze	waschen, feinhacken. Suppe damit bestreuen und gut gekühlt servieren.

Servieren Sie dazu Kräuterbaguette.

Zubereitungszeit ohne Abkühlzeit.

MAGGI KOCHSTUDIO
Ernährungsinfo:

Je Teller:
B: 378 kJ (90 kcal)
N: E 4 g, KH 7 g, F 4 g

Tarator
(kalte bulgarische Sommersuppe)
Foto

4 Teller

Zubereitungszeit:	25 Min.
¼ l Wasser	In einem Topf zum Kochen bringen.
½ Würfel MAGGI Klare Fleischsuppe	darin auflösen und abkühlen lassen.
1 Zwiebel	schälen und in kleine Würfel schneiden.
1 Paprikaschote, rot	waschen, Kerne und weiße Innenhäute entfernen und in Würfel schneiden.
1 Salatgurke, klein	putzen, waschen, der Länge nach vierteln und in ganz dünne Scheiben schneiden.
1 Knoblauchzehe	schälen und durchpressen. Das Gemüse mit
Fondor	würzen, abschmecken und kurz durchziehen lassen.
¼ l Buttermilch	mit
1 Becher (175 ml) Sahnedickmilch	verrühren, die abgekühlte Fleischsuppe zugeben und über das Gemüse gießen. Die Suppe mit
Pfeffer, frisch gemahlen	würzen und abschmecken. Gut gekühlt servieren.

MAGGI KOCHSTUDIO
Ernährungsinfo:

Je Teller:
B: 469 kJ (112 kcal)
N: E 5 g, KH 13 g, F 4 g

Pasta, Reis & Kartoffeln

Was Sie wissen sollten!

Pasta

 **Nährwert:**

Pasta sind ausgezeichnete Energielieferanten, reich an Kohlenhydraten und Eiweiß und dabei fettarm.

Einkauf und Lagerung:

Lagern Sie Pasta trocken und verbrauchen Sie angebrochene Packungen innerhalb von 6 Monaten. Frische Pasta halten sich im Kühlschrank ca. eine Woche.

Pastasorten:

Man unterscheidet *Pasta mit Ei* und *Pasta mit Hartweizen*.

Pasta mit Hartweizen lassen sich hervorragend »al dente« kochen, sie behalten ihre »Bissfestigkeit«.

Pasta mit Ei sind zarter und besonders für Sahne- und Käsesoßen geeignet.

Pasta mit Hartweizen garen prinzipiell länger als Pasta mit Ei.

So gelingt die Pasta perfekt:

Das Wasser muss sprudelnd kochen und man rührt ab und zu mit einem Holzlöffel um, damit die Pasta nicht aneinander kleben.

Pasta schmecken am besten, wenn sie »al dente« sind: gar, aber noch »bissfest«. Die Garzeiten stehen auf der Verpackung, verstehen sich jedoch als Richtwerte. Am besten, Sie probieren die Pasta ca. 1 Min. vor der angegebenen Garzeit.

Nach dem Garen werden die Pasta in ein Sieb abgegossen und möglichst sofort serviert.

Falls Sie aus den Pasta Salat zubereiten möchten, schrecken Sie sie mit kaltem Wasser ab, damit sie nicht weitergaren und zu weich werden und nicht aneinander kleben.

Pasta werden schnell kalt und kleben aneinander. Das lässt sich vermeiden, wenn Sie die Pasta in eine vorgewärmte Schüssel geben und mit der Soße mischen.

Reis

Wussten Sie, dass …

… Reis viel leicht verdauliche Stärke und nur wenig Fett enthält?

Für eine ausgewogene Ernährung eignet sich Naturreis am besten. Er liefert wichtige Vitamine und Ballaststoffe. Geschälter weißer Reis dagegen enthält kaum noch Vitamine und wenig Ballaststoffe.

Sorten:

Reis wird je nach Verarbeitung unterteilt in:

Naturreis oder *unpolierter Reis*, *weißer Reis* und *Parboiled-Reis*.

Naturreis ist ungeschält und enthält daher mehr Vitamine und Mineralstoffe als bearbeiteter Reis. Er schmeckt würzig und kräftig. Wichtig ist, dass Sie Naturreis nach dem Kauf nicht zu lange lagern, seine pflanzlichen Fette können ranzig werden.

Weißer Reis ist geschält und poliert. Er lässt sich nahezu unbegrenzt aufbewahren, enthält aber kaum Vitamine, Mineralstoffe und Ballaststoffe.

Beim Parboiled-Reis gelangen Vitamine und Mineralstoffe durch ein besonderes Druckverfahren ins Korninnere. Parboiled-Reis benötigt eine kürzere Garzeit als Naturreis und bleibt nach dem Garen locker und körnig.

Nach der Körnerform unterscheidet man *Langkornreis* und *Rundkornreis*.

Langkornreis enthält weniger Stärke als Rundkornreis. Er klebt nicht, sondern bleibt locker und körnig und eignet sich sehr gut als Beilage und für Reispfannen.

Aus dem stärkereichen Rundkornreis können Sie hervorragend Risotto-Gerichte, süße Speisen und Aufläufe zubereiten. Zu den bekanntesten Rundkorn-Reissorten zählen Arborio und Vialone (fürs Risotto) und Milchreis.

Kartoffeln

Wussten Sie, dass …

… die Kartoffel zu den vitamin-, mineralstoff-, eiweiß- und stärkereichsten Nahrungsmitteln zählt?

Sie ist ein regelrechter »Alleskönner«, der als Beilage, in Aufläufen, Salaten, Suppen und Eintöpfen wunderbar schmeckt.

Kartoffeln sind leicht verdaulich und absolut keine »Dickmacher«: 100 g enthalten nur 70 kcal!

Lagerung:

Lagern Sie Kartoffeln kühl und dunkel, z. B. im Keller. Nehmen Sie die Kartoffeln aus der Plastikhülle, sonst »schwitzen« sie und verderben. Wenn kein geeigneter Platz zur Lagerung zur Verfügung steht, sollten Sie Kartoffeln besser in kleinen Mengen kaufen.

Gekochte Kartoffeln können Sie zugedeckt bis zu 3 Tage im Kühlschrank aufbewahren.

Sorten:

Kartoffeln unterscheidet man nach ihren Kocheigenschaften bzw. ihrem Stärkegehalt in *fest kochend*, *vorwiegend fest kochend* und *mehlig kochend*.

Fest kochende Kartoffeln, wie z. B. Sieglinde und Nicola, haben wenig Stärke und bleiben nach dem Garen fest. Sie sind ideal für Salate und Salz- oder Bratkartoffeln.

Vorwiegend fest kochende Kartoffeln, wie z. B. die Sorten Désirée und Christa, sind »Alleskönner« und eignen sich für alle Kartoffelgerichte.

Mehlig kochende Kartoffelsorten, wie z. B. Bintje oder Aula, enthalten sehr viel Stärke und lassen sich gut zu Kartoffelteigen, Klößen und Püree verarbeiten.

Verfärbung:

Wenn man rohe Kartoffeln schält, verfärben sie sich durch den Sauerstoff in der Luft. Um das zu vermeiden, können Sie die geschälten Kartoffeln in eine Schüssel mit kaltem Wasser legen. Dabei gehen allerdings auch Vitamine und Mineralstoffe verloren. Besser ist es, die Kartoffeln nach dem Schälen sofort zu verarbeiten.

Polenta

Was ist Polenta?

Die norditalienische Spezialität Polenta ist ein Brei aus Maisgrieß. Polenta lässt sich nicht nur einfach zubereiten, sie ist auch sehr vielseitig. Man kann sie als Vorspeise, Beilage und Hauptspeise servieren.

Verwendung:

Verwenden Sie für die Polenta Maisgrieß mit mittlerem Ausmahlungsgrad. Grober Maisgrieß muss länger kochen, feiner Maisgrieß kann klebrig werden. Instant-Polenta ist vorgekocht.

Zubereitung:

Polenta in kochendes Wasser oder Brühe einrieseln lassen und mit einem Holzlöffel kräftig umrühren, damit sich keine Klümpchen bilden.

Die Polenta ist fertig, wenn sich der Brei von der Topfwand löst.

Maisgrieß mittlerer Stärke benötigt etwa 30 bis 40 Minuten, Instant-Polenta lediglich 15 bis 20 Minuten Kochzeit.

Nudelteig ohne Ei

Zutaten für 3 Portionen:
180 g Hartweizengrieß
125 g Mehl
1 Prise Salz
175 ml Wasser
Mehl für die Arbeitsfläche

1 In eine Schüssel Hartweizengrieß, Mehl und Salz geben.

2 In die Mitte der Grieß-Mehl-Mischung eine Vertiefung drücken und das Wasser in die Mulde gießen.

3 Die Zutaten mit dem Knethaken des Handrührgerätes zunächst auf niedriger, dann auf höherer Einstellung zu einem glatten, geschmeidigen Teig verarbeiten. Danach den Teig mit den Händen zu einer Kugel formen und abgedeckt ca. 30 Min. ruhen lassen.

4 Den Teig portionsweise mit einer Nudelmaschine ausrollen und mit dem Aufsatz der Nudelmaschine in die gewünschte Form schneiden. Wenn keine Nudelmaschine vorhanden ist, die Arbeitsfläche mit etwas Mehl bestäuben und den Teig mit einem Wellholz ausrollen. Dann den Teig mit einem Messer längs in schmale Streifen schneiden.

Tipp!

Garen Sie Nudeln immer in reichlich kochendem Salzwasser, z. B. in 1 l kochendes Wasser 10 g Salz und 100 g Nudeln geben.

Öl gibt man übrigens nicht ins Kochwasser. Es sei denn, Sie servieren die Nudeln ohne Soße. Die Nudeln saugen das Öl auf und verbinden sich nicht mehr gut mit der Soße.

Nudelteig mit Ei

Zutaten für 2 Portionen:
250 g Weizenmehl
3 Eier
1 EL Olivenöl
¹/₂ TL Salz
Mehl für die Arbeitsfläche

1 Sieb über eine Schüssel legen, Mehl hineingeben, mit einer Hand seitlich leicht gegen das Sieb schlagen und so das Mehl in die Schüssel sieben.

2 Eier, Olivenöl und Salz zugeben.

3 Die Zutaten mit dem Knethaken des Handrührgerätes zunächst auf niedriger, dann auf höherer Einstellung zu einem glatten, geschmeidigen Teig verarbeiten. Danach den Teig mit den Händen zu einer Kugel formen und abgedeckt ca. 30 Min. ruhen lassen.

4 Den Teig portionsweise mit einer Nudel-maschine ausrollen und mit dem Aufsatz der Nudelmaschine in die gewünschte Form schneiden. Wenn keine Nudelmaschine vor-handen ist, die Arbeitsfläche mit etwas Mehl bestäuben und den Teig mit einem Wellholz ausrollen. Dann den Teig mit einem Messer längs in schmale Streifen schneiden.

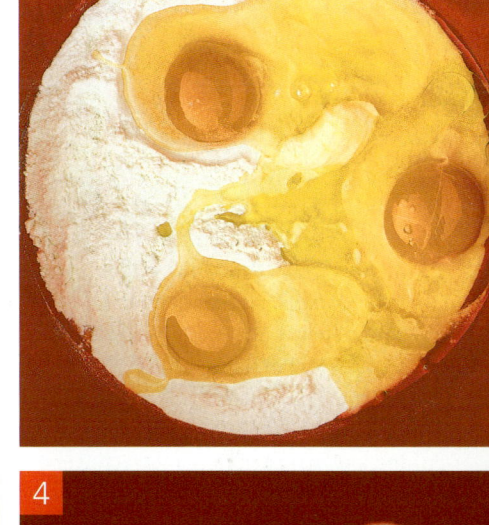
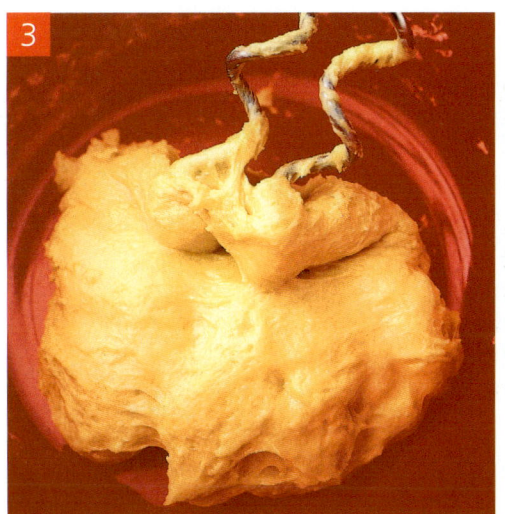

Spätzleteig

Zutaten für 2 Portionen:
250 g Mehl
3 Eier
$^1/_8$ l Wasser
Salz
Muskatnuss
2 l Wasser zum Kochen
Salz

1 Sieb über eine Schüssel legen, Mehl nach und nach hineingeben, mit einer Hand seitlich leicht gegen das Sieb schlagen und so das Mehl in die Schüssel sieben.

2 In der Mitte eine Mulde formen. Die Eier in einer Schüssel mit einem Schneebesen leicht verschlagen und in die Mulde gießen. Wasser, Salz und Muskatnuss zugeben.

3 Die Zutaten mit dem Knethaken des Handrührgerätes zunächst auf niedriger, dann auf höherer Einstellung zu einem glatten, geschmeidigen Teig verarbeiten. Danach den Teig mit den Händen weiter kneten und nach oben ziehen, damit Luft untergehoben wird. Der Teig ist fertig, wenn sich kleine Luftblasen bilden. Die Schüssel mit einem Küchenhandtuch abdecken und den Teig ca. 30 Min. ruhen lassen.

4 In einem Topf Wasser und Salz zum Kochen bringen. Den Teig mit einem Löffel in die Spätzlepresse füllen und über dem kochenden Wasser ausdrücken.

5 Die Spätzle sind gar, wenn sie an der Wasseroberfläche schwimmen. Die fertigen Spätzle mit einer Schaumkelle herausheben und sofort servieren. Falls die Spätzle nicht sofort serviert werden, mit kaltem Wasser abschrecken und vor dem Servieren in einer Pfanne in etwas Butter schwenken.

Tipp!

Sie können Spätzle auch ohne Presse zubereiten. Sie benötigen lediglich ein kleines Küchenbrett und einen Schaber. Das Brett mit etwas Wasser anfeuchten, 4 EL Spätzleteig gleichmäßig auf dem Brett verteilen und nach und nach in dünnen Streifen in kochende Salzwasser schaben.

Polenta

Zutaten für 2 Portionen:
50 g Butter
200 ml Wasser
1/2 EL MAGGI Klare Hühner-Bouillon
80 g Polenta (Maisgrieß)
20 g geriebener Parmesan
Salz aus der Mühle

1 In einem Topf Butter heiß werden lassen. Wasser zugießen und zum Kochen bringen. MAGGI Klare Hühner-Bouillon darin auflösen.

2 Die Wärmezufuhr reduzieren. Sobald die Brühe nur noch sanft kocht, unter ständigem Rühren den Maisgrieß einrieseln lassen und darauf achten, dass sich keine Klümpchen bilden. Die Polenta ca. 30 Min. garen und dabei immer wieder umrühren, damit sich der Grieß nicht am Topfboden oder Rand absetzt.

3 Den geriebenen Parmesan kräftig unterrühren. Polenta mit Salz würzen und anschließend auf einem Schneidebrett zu einem 2 cm hohen Rechteck verstreichen. Die Masse ca. 20 Min. abkühlen lassen.

4 Die erkaltete Polenta mit einem Faden in Quadrate von 5 x 5 cm teilen und nach Belieben weiterverarbeiten. Meist werden die Polentastücke in etwas Olivenöl von beiden Seiten goldbraun angebraten und mit geriebenem Käse bestreut.

Tipp!

Sie können die Polenta auch mit Backförmchen ausstechen.
Ein Messer benutzt man grundsätzlich nicht, weil die Polenta daran kleben bleibt.

Quellreis

Zutaten für 2–3 Portionen:
200 g Langkornreis
400 ml Wasser
1 TL Salz

1 Langkornreis, Wasser und Salz in einen Topf geben.

2 Wasser und Reis einmal bei großer Wärmezufuhr aufkochen lassen.

3 Dann die Wärmezufuhr auf die kleinste Stufe reduzieren und den Reis zugedeckt ca. 18 Min. quellen lassen.
Das Wasser sollte am Ende der Garzeit vollständig vom Reis aufgesogen sein.

Tipp!

Ist der Reis gar, aber noch Kochflüss keit vorhanden, den Topfdeckel abnehmen und bei großer Wärmezufu die restliche Flüssigkeit verdampfen lassen.
Vorsicht: Die Kochflüssigkeit verdampft sehr schnell.
Das Quellen ist die schonendste Garmethode für Reis. Vitamine und Mineralstoffe bleiben weitestgehen erhalten.

Risotto

Zutaten für 4 Portionen:
1¹/₂ l Wasser
2 EL MAGGI Klare Hühner-Bouillon
1 Zwiebel
1 EL Olivenöl
250 g Risottoreis
200 ml Weißwein
50 g geriebener Parmesan
45 g Butter
Salz und Pfeffer aus der Mühle

1 In einem Topf Wasser zum Kochen
bringen und MAGGI Klare Hühner-Bouillon
darin auflösen. Zwiebel schälen und in feine
Würfel schneiden. In einem weiteren Topf
Olivenöl erhitzen. Zwiebelwürfel darin glasig
andünsten. Den Risottoreis einstreuen und
unter Rühren leicht andünsten, bis die Reis-
körner glasig aussehen.

2 Weißwein zugießen und rühren, bis
der Wein vollständig vom Reis aufgesogen
worden ist.

3 Mit einer Schöpfkelle die heiße Hühner-
Bouillon zum Reis gießen und unter Rühren
aufnehmen lassen. Erst wenn die Flüssigkeit
eingekocht ist, weitere Hühner-Bouillon
zugießen. Dabei ständig umrühren. Diesen
Vorgang so lange wiederholen, bis das
Risotto cremig ist, aber noch Biss hat.

4 Den Topf von der Kochstelle nehmen.
Parmesan und Butter zugeben und kräftig
unter das Risotto rühren. Mit Salz und
Pfeffer würzen.

Salzkartoffeln

Zutaten für 2 Portionen:
500 g vorwiegend fest kochende Kartoffeln
200 ml Wasser
1 TL Salz

1 Kartoffeln waschen und schälen. Augen ausschneiden. Die geschälten Kartoffeln in eine Schüssel mit kaltem Wasser legen, damit sie sich nicht verfärben.

2 Kartoffeln in gleichmäßig große Stücke schneiden und mit Wasser und Salz in einen Topf geben. Je weniger Wasser und Salz verwendet werden, desto geringer ist der Nährstoffverlust.

3 Das Wasser mit den Kartoffeln bei geschlossenem Deckel zum Kochen bringen und bei geringer Wärmezufuhr ca. 20 Min. kochen.

4 Mit der Messerspitze eines kleinen Küchenmessers vorsichtig in eine Kartoffel stechen. Lässt sich das Messer leicht wieder herausziehen, sind die Kartoffeln gar. Den Topfdeckel kippen und das Wasser über dem Spülbecken abgießen. Die Kartoffeln heiß servieren.

Tipp!

Je langsamer Kartoffeln gegart werden, umso besser ist ihr Aroma.

Pellkartoffeln

Zutaten für 4 Portionen:
1 kg fest kochende Kartoffeln
500 ml Wasser
1 TL Kümmel
1 TL Salz

1 Kartoffeln unter fließendem Wasser sorgfältig waschen und mit einer Gemüsebürste abbürsten.

2 Kartoffeln mit Wasser, Kümmel und Salz in einen Topf geben und zugedeckt ca. 25 Min. bei mittlerer Wärmezufuhr kochen.

3 Mit der Messerspitze eines kleinen Küchenmessers vorsichtig in eine Kartoffel stechen. Lässt sich das Messer leicht wieder herausziehen, sind die Kartoffeln gar. Wasser abgießen und Kümmel entfernen.

4 Die heißen Kartoffeln zum Schälen mit einer Pellkartoffelgabel aufspießen oder die Kartoffeln etwas abkühlen lassen, damit man sie anfassen kann. Die Kartoffeln aber nicht kalt werden lassen, denn dann lässt sich die Schale nicht mehr gut pellen.

Bratkartoffeln

Zutaten für 2 Portionen:
500 g Pellkartoffeln (s. Seite 73)
40 g Butterschmalz
Salz und Pfeffer aus der Mühle

1 Ausgekühlte Pellkartoffeln in 0,5 cm dicke Scheiben schneiden.

2 In einer Pfanne Butterschmalz heiß werden lassen. Die Kartoffelscheiben darin von einer Seite goldgelb braten und mit Salz und Pfeffer würzen.

3 Wenn die Kartoffelscheiben goldgelb sind, mit einem Pfannenheber wenden und von der anderen Seite goldgelb braten. Nochmals mit Salz und Pfeffer würzen.

Tipp!

Eine würzige Note erhalten die Bratkartoffeln, wenn Sie gewürfelte Zwiebeln und gewürfelten Speck mitbraten.

Bratkartoffeln können Sie auch aus Salzkartoffeln zubereiten.

Kartoffelbrei

Zutaten für 4 Portionen:
600 g mehlig kochende Kartoffeln
125 ml Milch
40 g Butter
Salz und Pfeffer aus der Mühle
Muskatnuss

1 Kartoffeln waschen, schälen und wie Salzkartoffeln (s. Seite 72) garen. Die fertig gekochten Kartoffeln nach dem Abgießen im Topf auf die noch warme Herdplatte stellen und abdämpfen lassen. In einem weiteren Topf die Milch einmal aufkochen lassen.

2 Die Kartoffeln durch eine Kartoffelpresse in die heiße, aber nicht mehr kochende Milch drücken oder mit einem Kartoffelstampfer zerstampfen.

3 Kartoffelmasse und Milch bei mittlerer Wärmezufuhr gut durchrühren.

4 Die kalte Butter zur Kartoffelmasse geben und kräftig unter den Kartoffelbrei rühren, damit er luftig und cremig wird. Mit Salz, Pfeffer und Muskatnuss würzen und abschmecken.

Tipp!

Sie können auch ein Handrührgerät verwenden. Auf niedrigster Stufe die Kartoffelstücke zerkleinern bzw. zerdrücken.
Die Milch erst dann zufügen, wenn die Kartoffeln breiig sind.

Kartoffelknödel

Zutaten für ca. 8 Knödel:
300 g mehlig kochende Kartoffeln
50 g Mehl
30 g Stärke
Salz und Pfeffer aus der Mühle
Muskatnuss
2 Eier
2 l Wasser
Salz

1 Kartoffeln waschen, schälen und wie Salzkartoffeln (s. Seite 72) garen.

2 Die fertig gekochten Kartoffeln nach dem Abgießen im Topf auf die noch warme Herdplatte stellen und abdämpfen lassen.

3 Die heißen Kartoffeln portionsweise in eine Kartoffelpresse füllen und über einer Schüssel durchdrücken. Die Kartoffelmasse auskühlen lassen.

4 Mehl und Stärke zur Kartoffelmasse geben und mit Salz, Pfeffer und Muskatnuss würzen. Eier trennen. 2 Eigelbe und 1 Eiweiß zur Kartoffelmasse geben und mit dem Handrührgerät zu einem glatten Teig verkneten.

5 Etwas Mehl auf den Händen verteilen und den Kartoffelteig portionsweise zu mittelgroßen Knödeln formen.

6 In einem Topf Wasser und Salz zum Kochen bringen und einmal aufkochen lassen. Die Wärmezufuhr so weit reduzieren, dass das Wasser nicht mehr sprudelt. Die Knödel ins Wasser geben und ca. 10 Min. ziehen lassen. Sie sind gar, wenn sie an der Wasseroberfläche schwimmen. Knödel mit einer Schaumkelle aus dem Wasser heben.

Tipp!

Formen Sie zunächst einen einzelnen Probeknödel und geben Sie ihn ins Kochwasser. Falls er auseinander fällt, war der Teig zu weich. Arbeiten Sie noch etwas Mehl in den Teig ein und formen Sie dann die restlichen Knödel.

Kartoffelpuffer

Zutaten für ca. 16 Puffer:
1 kg mehlig kochende Kartoffeln
1 Zwiebel
1 Ei
Salz
Butterschmalz

1 Die Kartoffeln waschen und schälen, die Zwiebel schälen. Kartoffeln und Zwiebel auf einer Küchenreibe reiben.

2 Die geriebenen Kartoffeln und Zwiebeln mit Ei und Salz vermengen.

3 In einer Pfanne Butterschmalz sehr heiß werden lassen. Jeweils 2 EL Kartoffelteig in die Pfanne geben und mit dem Löffel zu gleichmäßigen Puffern formen. Die Puffer auf beiden Seiten goldbraun backen.

Tipp!

Das Butterschmalz muss beim Einfüllen des Kartoffelteiges besonders heiß sein, da die Puffer sonst am Pfannenboden festbacken.

Servieren Sie dazu Apfelmus oder -kompott.

Kartoffelgratin

Zutaten für 4 Portionen:
500 g fest kochende Kartoffeln
20 g Butter
$\frac{1}{2}$ Zwiebel
Salz und Pfeffer aus der Mühle
250 g Sahne, süß
100 g geriebener Käse (Edamer oder Gouda)

1 Backofen auf 200 °C vorheizen. Kartoffeln waschen, schälen und in dünne Scheiben hobeln. Das geht am einfachsten mit einer Küchenmaschine oder einem Gemüsehobel. Sie können die Kartoffeln auch mit einem Messer schneiden, die Scheiben werden aber nicht so gleichmäßig.

2 Eine Auflaufform mit Butter ausstreichen. Zwiebel schälen und in kleine Würfel schneiden. Die Auflaufform mit den Zwiebelwürfeln ausstreuen und die Kartoffelscheiben dachziegelartig einschichten. Mit Salz und Pfeffer würzen.

3 Die Sahne über die Kartoffeln gießen. Anschließend geriebenen Käse darüber streuen.

4 Im Backofen bei 200 °C ca. 30 Min. überbacken.

Tipp!

Besonders pikant wird das Kartoffelgratin, wenn Sie zusammen mit den Zwiebelwürfeln fein gehackten Knoblauch in die Auflaufform geben.

Pommes frites

Zutaten für 2 Portionen:
600 g vorwiegend fest kochende Kartoffeln
3 l Frittierfett
Salz

1 Kartoffeln waschen, schälen und längs auf einem Schneidebrett in 1 cm dicke Scheiben schneiden und anschließend längs in 1 cm breite Stäbchen schneiden.

2 Kartoffelstäbchen auf ein Küchenhandtuch legen und trockentupfen.

3 In einem großen Topf das Frittierfett erhitzen. Um festzustellen, ob das Öl heiß genug ist, vorsichtig ein langes Holzstäbchen hineinhalten. Bilden sich um das Stäbchen kleine Blasen, hat das Fett die richtige Temperatur von ca. 180 °C. Die Kartoffelstäbchen mit einer Schaumkelle portionsweise ins heiße Öl geben. Nur so viele Stäbchen hineingeben, dass alle an der Oberfläche schwimmen können. Die Pommes frites ca. 3–4 Min. backen, herausheben, kurz abkühlen lassen und in weiteren 3–4 Min. fertig backen. Backt man die Kartoffelstäbchen nicht vor, werden sie schwarz.

4 Die fertigen Pommes frites mit der Schaumkelle herausheben und auf Küchenpapier abtropfen lassen. In eine Schüssel geben und salzen.

Info!

Sicherer ist das Frittieren in der Fritteuse!

Tipp!

Frittierfett können Sie ca. 5- bis 6mal wiederverwenden. Bemerken Sie einen beißenden Geruch oder schäumt das Öl beim Frittieren, ist das Fett verdorben und sollte nicht mehr verwendet werden. Filtern Sie das Öl nach jedem Frittiervorgang und bewahren es kühl und dunkel in einem geschlossenen Gefäß auf.

Farfalle mit Räucherlachs

3 Portionen

Zubereitungszeit:	25 Min.
250 g BUITONI Farfalle	nach Anweisung auf der Packung zubereiten und abtropfen lassen.
1 Zucchini	putzen, waschen und in Streifen schneiden.
1 Knoblauchzehe	und
1 Zwiebel	schälen und in kleine Würfel schneiden. In einem Topf
1 EL THOMY Reines Sonnenblumenöl	heiß werden lassen, Zucchini, Knoblauch und Zwiebel darin glasig dünsten.
Knapp ¼ l (200 ml) Wasser	zugießen.
1 Beutel MAGGI Fix für Spaghetti Napoli	einrühren, zum Kochen bringen und 1 Min. kochen.
3 EL Sahne, süß	und
1 EL Petersilie, gehackt	unter die Soße geben.
1 Packung (200 g) Räucherlachs	in Streifen schneiden. Farfalle auf Tellern anrichten, mit der Soße übergießen und den Räucherlachs darauf geben.

MAGGI KOCHSTUDIO
Ernährungsinfo:

Je Portion:
B: 2711 kJ (647 kcal)
N: E 31 g, KH 78 g, F 24 g

Pasta e fagioli
Foto

4 Portionen

Zubereitungszeit:	40 Min.
1 Schalotte	schälen und in Würfel schneiden.
1 Knoblauchzehe	schälen und durchpressen.
250 g Bohnen, grün	putzen, waschen und evtl. halbieren.
250 g Champignons	putzen und in Scheiben schneiden.
1 EL THOMY Reines Sonnenblumenöl	in einem Topf heiß werden lassen. Schalotte und Knoblauch darin andünsten. Bohnen und Champignons zugeben und mitdünsten.
125 ml Weißwein	und
250 ml Wasser	zugießen und zum Kochen bringen.
3 EL MAGGI Gourmet Bouillon Gemüse	zufügen und bei geringer Wärmezufuhr 10 Min. kochen.
150 ml Sahne, süß	zufügen. Mit
3 EL MAGGI Soßenbinder für helle Soßen	binden.
½ Bund Basilikum	waschen, Blättchen von den Stielen zupfen und klein schneiden.
50 g Pinienkerne	in einer Pfanne ohne Fett rösten.
40 g Tomaten in Öl	abtropfen lassen und in feine Streifen schneiden. Pinienkerne, Tomaten und Basilikum in die Soße geben und heiß werden lassen.
1 Packung BUITONI Cellentani	nach Anweisung auf der Packung zubereiten und mit
2 EL Parmesan, frisch gehobelt	garniert zu der Soße servieren.

MAGGI KOCHSTUDIO
Ernährungsinfo:

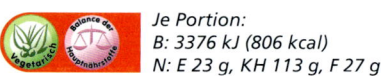

Je Portion:
B: 3376 kJ (806 kcal)
N: E 23 g, KH 113 g, F 27 g

Farfalle mit Pesto Rosso und Hähnchenbrust

4 Portionen

Zubereitungszeit:	30 Min.
250 g Hähnchenbrustfilet	waschen und trockentupfen.
2 Knoblauchzehen	schälen und durchpressen. Das Hähnchenbrustfilet mit dem Knoblauch,
3 EL Olivenöl	
3 EL Aceto Balsamico	
1 EL Sherry	
1 TL Oreganoblätter, frisch	
1 TL Thymian, frisch	
Salz	und
Pfeffer	mischen und ca. 2 Std. marinieren.
1 Bund Rucola	putzen, waschen und in mundgerechte Stücke zupfen.
	In einer Pfanne
2 EL Olivenöl	heiß werden lassen. Die marinierte Hähnchenbrust darin von beiden Seiten ca. 5 Min. bei mittlerer Wärmezufuhr braten und warm halten.
350 g BUITONI Farfalle	nach Anweisung auf der Packung zubereiten und abgießen. Mit
1 Glas (135 ml) BUITONI Pesto Rosso	mischen. Mit dem Rucola und
70 g Oliven, schwarz (entsteint)	auf Tellern anrichten. Hähnchenbrust schräg in Scheiben schneiden und darauf verteilen. Mit
40 g Parmesan, frisch gerieben	garniert servieren.

MAGGI KOCHSTUDIO
Ernährungsinfo:

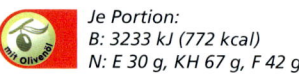

Je Portion:
B: 3233 kJ (772 kcal)
N: E 30 g, KH 67 g, F 42 g

Asia-Nudeln

2 Portionen

Zubereitungszeit:	25 Min.
150 g Asiatische Eiernudeln	nach Anweisung auf der Packung zubereiten.
1 Möhre, groß	putzen, waschen, schälen und in Stifte schneiden.
1 Stange Lauch	putzen, waschen und in Streifen schneiden. In einer Pfanne
3 EL THOMY Reines Sonnenblumenöl	heiß werden lassen. Nudeln, Möhre und Lauch ca. 10 Min. bei geringer Wärmezufuhr braten. Dabei gelegentlich wenden. Während des Bratens mit
30 Spritzer MAGGI Würze	würzen.

MAGGI KOCHSTUDIO
Ernährungsinfo:

Je Portion:
B: 2034 kJ (486 kcal)
N: E 16 g, KH 58 g, F 20 g

Tortellini-Eintopf mit Pesto
Foto oben

4 Portionen

Zubereitungszeit:	30 Min.
5 Zwiebeln, klein	schälen und in Achtel schneiden.
250 g Möhren	putzen, waschen, schälen und in Scheiben schneiden.
100 g Speck, durchwachsen u. geräuchert	in kleine Würfel schneiden. In einer Pfanne
20 g Butter/Margarine	heiß werden lassen. Gemüse und Speck mit
1 EL THOMY Tomadoro Tomatenmark	darin anbraten.
1½ l Wasser	zugießen, zum Kochen bringen und
1½ Würfel MAGGI Klare Suppe mit Suppengrün	darin auflösen.
250 g Tortellini	zugeben und 10 Min. kochen.
1 Packung (300 g) Erbsen, tiefgefroren	zugeben und weitere 5 Min. kochen.
1 Bund Petersilie	waschen, Blättchen von den Stielen zupfen und klein schneiden.
100 g Parmesan	fein reiben,
2 Knoblauchzehen	schälen und durchpressen, alles mit
2 EL Olivenöl	zu einem Pesto verrühren und zum Eintopf servieren.

Servieren Sie dazu Brötchen.

MAGGI KOCHSTUDIO
Ernährungsinfo:

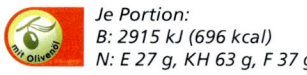

Je Portion:
B: 2915 kJ (696 kcal)
N: E 27 g, KH 63 g, F 37 g

Spaghetti mit fruchtiger Tomaten-Bolognese
Foto unten

2 Portionen

Zubereitungszeit:	30 Min.
1 Möhre	putzen, waschen, schälen und in Würfel schneiden.
1 Zwiebel	schälen und in Würfel schneiden.
	In einer Pfanne
1 TL THOMY Reines Sonnenblumenöl	heiß werden lassen.
125 g Rinderhackfleisch	darin anbraten. Möhre und Zwiebel zugeben und mitdünsten.
250 ml Wasser	zugießen und erwärmen.
1 Beutel MAGGI Fix für Spaghetti Napoli	einrühren. Zugedeckt ca. 15 Min. garen.
250 g BUITONI Spaghetti	nach Anweisung auf der Packung zubereiten.

Die Spaghetti auf Tellern anrichten und mit der Soße servieren.

Tipp: Mit frisch geriebenem Parmesan bestreuen.

MAGGI KOCHSTUDIO
Ernährungsinfo: *Je Portion:*
B: 2874 kJ (686 kcal)
N: E 30 g, KH 107 g, F 15 g

Eliche al Limone

6 Portionen

Zubereitungszeit:	30 Min.
4 Frühlingszwiebeln	putzen, waschen und in kleine Ringe schneiden. In einer Pfanne
20 g Butter	heiß werden lassen. Frühlingszwiebeln darin glasig andünsten.
1 Zitrone, unbehandelt	heiß waschen und Schale abreiben. Den Saft auspressen, 1 TL zur Seite stellen. 2 EL Zitronensaft mit
4 EL Sherry, trocken	
250 g Crème fraîche	und
250 ml Sahne, süß	zufügen und bei mittlerer Wärmezufuhr ca. 5 Min. kochen. Mit
MAGGI Würzmischung 1	und Zitronensaft würzen und abschmecken.
500 g BUITONI Eliche tricolore	nach Anweisung auf der Packung zubereiten, abgießen und gut abtropfen lassen. Die Eliche mit der Soße,
1 EL Zitronenmelisse, gehackt	und
2 EL Dill, gehackt	mischen. Auf Tellern anrichten und mit
60 g Parmesan, gerieben	garniert servieren.

MAGGI KOCHSTUDIO
Ernährungsinfo:

Je Portion:
B: 2823 kJ (674 kcal)
N: E 15 g, KH 65 g, F 37 g

Auberginen-Pasta-Pfanne

4 Portionen

Zubereitungszeit:	40 Min.
400 g BUITONI Penne Rigate	nach Anweisung auf der Packung zubereiten und abtropfen lassen.
2 Auberginen	putzen, waschen und in Würfel schneiden.
15 Cocktailtomaten	waschen und in Viertel schneiden.
2 Kugeln (à 125 g) Mozzarella	in Würfel schneiden.
½ Bund Basilikum	waschen und die Blättchen von den Stielen zupfen.
2 EL Olivenöl	In einer großen Pfanne heiß werden lassen.
1 Knoblauchzehe	schälen und durchpressen. Knoblauch und Auberginenwürfel ca. 5 Min. braten. Herausnehmen und auf
1 Stück Küchenkrepp	abtropfen lassen. Cocktailtomaten in die Pfanne geben und ca. 5 Min. braten. Auberginenwürfel, Mozzarella und Nudeln zugeben und heiß werden lassen. Mit
Salz	und
Pfeffer, frisch gemahlen	würzen und abschmecken. Mit den Basilikumblättchen garniert servieren.

Servieren Sie dazu Ciabatta.

MAGGI KOCHSTUDIO
Ernährungsinfo:

Je Portion:
B: 2540 kJ (606 kcal)
N: E 25 g, KH 80 g, F 20 g

Penne mit Gorgonzolasauce
Foto oben

3 Portionen

Zubereitungszeit:	40 Min.
1½ l Wasser	in einem Topf zum Kochen bringen.
1 EL MAGGI Klare Gemüsebrühe	darin auflösen.
200 g BUITONI Penne Lisce	nach Anweisung auf der Packung zubereiten und abtropfen lassen.
1 Frühlingszwiebel	putzen, waschen und in Ringe schneiden.
100 g Champignons, braun	putzen und in Scheiben schneiden. In einer Pfanne
1 EL THOMY Reines Sonnenblumenöl	heiß werden lassen. Die Frühlingszwiebeln darin andünsten. Die Champignons zugeben und 10 Min. mitdünsten.
1 Becher (200 ml) Sahne, süß	zufügen und einkochen lassen, bis die Sauce sämig ist. Dabei gelegentlich umrühren.
200 g Gorgonzola	würfeln, zugeben und schmelzen lassen.
4 EL Weißwein	zufügen. Die Sauce zu den Nudeln servieren.

Servieren Sie dazu Blattsalat.

MAGGI KOCHSTUDIO
Ernährungsinfo:

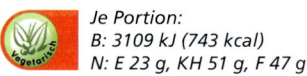

Je Portion:
B: 3109 kJ (743 kcal)
N: E 23 g, KH 51 g, F 47 g

Tagliatelle mit Champignon-Lauch-Sauce

Foto unten

4 Portionen

Zubereitungszeit:	30 Min.
1 Stange Lauch	putzen, waschen und in Ringe schneiden.
500 g Champignons	putzen und in Scheiben schneiden. In einem Topf
2 EL THOMY Reines Sonnenblumenöl	heiß werden lassen und Lauch und Champignons darin andünsten.
1 Becher (200 ml) Sahne, süß 3 EL Weißwein 2 EL MAGGI Gourmet Bouillon Gemüse	und zufügen, zum Kochen bringen und 3 Min. bei geringer Wärmezufuhr kochen. Die Sauce mit
1 EL MAGGI Soßenbinder für helle Soßen 2 EL Parmesan, frisch gerieben Pfeffer, frisch gemahlen 250 g BUITONI Tagliatelle	binden und zufügen. Mit würzen und abschmecken. nach Anweisung auf der Packung zubereiten. Die Tagliatelle mit der Sauce auf Tellern anrichten.

MAGGI KOCHSTUDIO
Ernährungsinfo:

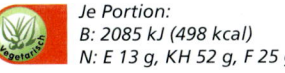

Je Portion:
B: 2085 kJ (498 kcal)
N: E 13 g, KH 52 g, F 25 g

Polenta-Spinat-Gratin

Toskanische Polenta-Pizza
Foto

6 Portionen

Zubereitungszeit: 80 Min.

Backofen auf 200 °C vorheizen.

	In einem Topf
½ l Wasser	zum Kochen bringen und
½ Würfel MAGGI Klare Gemüsebrühe	darin auflösen.
200 g Maisgrieß	zugeben und bei geringer Wärmezufuhr ca. 25 Min. ausquellen lassen.
1 Ei	und
50 g Gorgonzola	unterrühren. Masse auf eine mit
1 TL Butter	eingefettete
Aluminiumfolie	streichen und zu einer Rolle formen. Erkalten lassen und in Scheiben schneiden.
2 Packungen (à 300 g) Blattspinat, tiefgefroren	auftauen lassen.
2 Zwiebeln	schälen und in Würfel schneiden.
	In einem Topf
2 EL Olivenöl	heiß werden lassen und die Zwiebeln darin andünsten. Blattspinat zugeben,
3 EL Wasser	zugießen.
½ Würfel MAGGI Klare Gemüsebrühe	in der Dünstflüssigkeit auflösen und in eine Auflaufform geben.
3 Tomaten	waschen, den Blütenansatz entfernen und in Scheiben schneiden.
	Tomaten und Polentascheiben abwechselnd auf den Spinat legen.
100 g Gorgonzola	in kleine Würfel schneiden, auf dem Auflauf verteilen und im Backofen ca. 45 Min. backen.

Servieren Sie dazu einen Salat.

4 Portionen

Zubereitungszeit:	60 Min.
	Backofen auf 200 °C vorheizen.
¾ l Wasser	in einem Topf zum Kochen bringen.
1 Würfel MAGGI Klare Suppe mit Suppengrün	darin auflösen.
250 g Maisgrieß	unter Rühren zugeben und aufkochen. In eine gefettete flache, feuerfeste Form streichen (ca. 1 cm dick). Im Backofen ca. 30 Min. vorbacken.
4 Tomaten	waschen, den Blütenansatz entfernen und mit
2 Kugeln (à 125 g) Mozzarella	in Scheiben schneiden.
100 g Schinkenspeck	und
10 Oliven, schwarz, entsteint	klein schneiden. Alles auf der Polenta verteilen. Mit
MAGGI Würzmischung 7	würzen. Im Backofen ca. 15 Min. backen. Anschließend in Stücke schneiden und mit
1 TL Basilikum	und
1 EL Rosmarin, gehackt	garnieren.

Servieren Sie dazu einen frischen Salat.

MAGGI KOCHSTUDIO
Ernährungsinfo: *Je Portion:*
B: 2892 kJ (691 kcal)
N: E 27 g, KH 51 g, F 42 g

MAGGI KOCHSTUDIO
Ernährungsinfo:    *Je Portion:*
B: 1287 kJ (307 kcal)
N: E 13 g, KH 28 g, F 14 g

Persischer Safranreis

Zubereitungszeit:	50 Min.
1 Zwiebel	schälen und in feine Würfel schneiden.
	In einem Topf
20 g Butter	heiß werden lassen und die Zwiebel darin glasig andünsten.
300 g Langkornreis	
2 Döschen (à 1 g) Safran	
3 EL Mandelstifte	und
3 EL Pinienkerne	zugeben und mitdünsten.
1 l Wasser	zugießen und
4 EL MAGGI	
Klare Hühner-Bouillon	darin auflösen.
1 EL Rosenwasser	zugießen und den Reis bei geringer Wärmezufuhr zugedeckt ca. 20 Min. quellen lassen. Von der Kochstelle nehmen und 20 Min. nachquellen lassen.

Servieren Sie dazu Lammgerichte.

MAGGI KOCHSTUDIO
Ernährungsinfo:

Je Portion:
B: 1136 kJ (271 kcal)
N: E 5 g, KH 41 g, F 9 g

Gourmet-Bouillon-Reis
Foto

4 Portionen

Zubereitungszeit:	25 Min.
230 g Reis	in einem Sieb waschen und abtropfen lassen. In einem Topf
20 g Butter	heiß werden lassen und den Reis darin glasig dünsten.
600 ml Wasser	zugießen.
2 EL MAGGI Gourmet Bouillon Gemüse	zufügen und bei geringer Wärmezufuhr zugedeckt ca. 20 Min. ausquellen lassen.

Servieren Sie den Reis zu Ragouts.

MAGGI KOCHSTUDIO
Ernährungsinfo:

Je Portion:
B: 1006 kJ (240 kcal)
N: E 4 g, KH 43 g, F 5 g

Cremiges Spargelrisotto mit Sauce Hollandaise

6 Portionen

Zubereitungszeit:	40 Min.
500 g Spargel, weiß	waschen, schälen und in 1 cm lange Stücke schneiden.
3 Schalotten	schälen und in dünne Ringe schneiden.
	In einem Topf
10 g Butter	heiß werden lassen und den Spargel und die Schalotten darin andünsten.
400 g Avorio Reis	darin glasig dünsten.
100 ml Weißwein	zugießen und aufkochen lassen.
1,5 l Wasser	zum Kochen bringen und
3 leicht gehäufte EL MAGGI Klare Hühner-Bouillon	darin auflösen. Die Hühnerbrühe nach und nach zum Reis gießen und ca. 20 Min. ausquellen lassen.
1 Packung THOMY Les Sauces Hollandaise	unterrühren und mit
MAGGI Würzmischung 1	würzen und abschmecken.
½ Bund Estragon	waschen, Blättchen von den Stielen zupfen und klein schneiden.
	Das Risotto mit dem Estragon garniert servieren.

MAGGI KOCHSTUDIO
Ernährungsinfo:

Je Portion:
B: 1674 kJ (400 kcal)
N: E 8 g, KH 55 g, F 14 g

Risotto Tricolore
Foto

4 Portionen

Zubereitungszeit:	40 Min.
1 Zucchini, klein	putzen, waschen, halbieren und in Scheiben schneiden.
1 Möhre	putzen, waschen, schälen und grob raspeln.
200 g Cabanossi	in Scheiben schneiden.
	In einem Topf
1 EL THOMY Reines Sonnenblumenöl	heiß werden lassen. Gemüse darin kurz andünsten, Cabanossi kurz anbraten.
200 g Avorio Reis	zugeben.
750 ml Wasser, lauwarm	zugießen.
1 Beutel MAGGI Meisterklasse Spargel-Cremesuppe	einrühren. Unter Rühren aufkochen und bei geringer Wärmezufuhr ca. 25 Min. ausquellen lassen. Dabei gelegentlich umrühren. Das Risotto auf Tellern anrichten und mit
2 EL Parmesan, frisch gerieben	garniert servieren.
	Servieren Sie dazu einen frischen Salat.

MAGGI KOCHSTUDIO
Ernährungsinfo:

Je Portion:
B: 2363 kJ (564 kcal)
N: E 17 g, KH 51 g, F 33 g

Feinschmecker-Risotto
Foto

Bärlauch-Risotto

6 Portionen

Zubereitungszeit:	40 Min.
50 g Bärlauch	putzen, waschen und fein hacken.
2 Schalotten	schälen und in Würfel schneiden.
	In einem Topf
2 EL THOMY	
Reines Sonnenblumenöl	heiß werden lassen und die Schalotten ca. 2 Min. andünsten.
400 g Avorio Reis	zugeben und weitere 2 Min. dünsten.
1/8 l Weißwein	zugießen und einkochen lassen.
1 l Wasser	zum Kochen bringen.
4 TL MAGGI Klare Gemüsebrühe	darin auflösen. Ca. 1/3 der Brühe zum Reis gießen und bei geringer Wärmezufuhr ausquellen lassen, dabei nach und nach die restliche Brühe zugeben. Wenn der Reis gar ist,
3 EL Sahne, süß	und den Bärlauch unterheben. Mit
1 EL Zitronensaft	und
Pfeffer, frisch gemahlen	würzen und abschmecken.

MAGGI KOCHSTUDIO
Ernährungsinfo:

Je Portion:
B: 1314 kJ (314 kcal)
N: E 6 g, KH 50 g, F 7 g

4 Portionen

Zubereitungszeit:	40 Min.
	In einer Pfanne
1 EL THOMY	
Reines Sonnenblumenöl	heiß werden lassen.
1 EL Curry	darin andünsten.
200 g Naturreis	zugeben und kurz mitdünsten.
500 ml Wasser	zugießen, zum Kochen bringen.
1 Würfel MAGGI	
Klare Suppe mit Suppengrün	darin auflösen und alles ca. 15 Min. bei geringer Wärmezufuhr kochen.
1 Bund Frühlingszwiebeln	putzen, waschen und in Ringe schneiden.
300 g Möhren	putzen, waschen, schälen und in Scheiben schneiden. Zugeben und weitere 10 Min. kochen.
2 Bananen	schälen und klein schneiden.
150 g Erbsen, tiefgefroren	und
150 g Krabben	zugeben und mit heiß werden lassen. Mit
1/2 TL Curry	bestreut servieren.

Die Kochzeit richtet sich
nach der Garzeit des Reises.

MAGGI KOCHSTUDIO
Ernährungsinfo:

Je Portion:
B: 1509 kJ (360 kcal)
N: E 15 g, KH 58 g, F 6 g

Griechischer Püree-Auflauf
Foto oben

Kartoffelpüree mit Apfelstückchen

3 Portionen

Zubereitungszeit:	15 Min.
1 Apfel, Boskop	waschen, schälen, halbieren, Kerngehäuse entfernen und in Würfel schneiden.
20 g Butter	in einem Topf heiß werden lassen und die Apfelstücke darin 5 Min. dünsten.
3/8 l Wasser	und
1/2 TL Salz	zugeben und aufkochen. Topf von der Kochstelle nehmen.
1/8 l Milch, kalt	zugießen.
1 Beutel MAGGI Kartoffel-Püree mit Crème fraîche	mit einem Kochlöffel gut einrühren. Ca. 1 Min. quellen lassen und noch einmal durchrühren.

Servieren Sie dazu Frikadellen und einen Blattsalat.

MAGGI KOCHSTUDIO Ernährungsinfo:

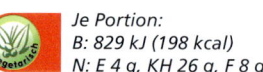

Je Portion:
B: 829 kJ (198 kcal)
N: E 4 g, KH 26 g, F 8 g

3 Portionen

Zubereitungszeit:	45 Min.
	Backofen auf 200 °C vorheizen.
3 Paprikaschoten, rot, gelb	waschen, Kerne und weiße Innenhäute entfernen und mit dem Sparschäler die Haut entfernen. In Streifen schneiden.
1 Zucchini	und
1 Aubergine, groß	putzen, waschen und in ca. 1 cm dicke Scheiben schneiden. Mit
MAGGI Würzmischung 1	würzen. In einer Pfanne
2 EL Olivenöl	heiß werden lassen. Die Auberginenscheiben von beiden Seiten ca. 3 Min. anbraten.
1 Scheibe Toastbrot	zerkleinern.
1/2 Bund Petersilie	waschen, Blättchen von den Stielen zupfen.
1 Knoblauchzehe	schälen und durchpressen. Mit dem Toastbrot und der Petersilie im Blitzhacker fein hacken. In einem Topf
375 ml Wasser	mit
1/2 TL Salz	zum Kochen bringen. Topf von der Kochstelle nehmen.
125 ml Milch	und
20 g Butter	zugeben.
1 Beutel MAGGI Kartoffel-Püree mit Speck und Zwiebeln	mit einem Kochlöffel gut einrühren. Ca. 1 Min. quellen lassen und noch einmal durchrühren. In eine Auflaufform abwechselnd Kartoffelpüree und Auberginenscheiben einschichten. Paprikastreifen und
2 EL Oliven, schwarz, entsteint	darauf verteilen. Mit den Kräuterbröseln bestreuen und ca. 15 Min. überbacken.

MAGGI KOCHSTUDIO Ernährungsinfo:

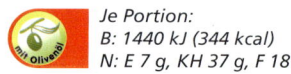

Je Portion:
B: 1440 kJ (344 kcal)
N: E 7 g, KH 37 g, F 18 g

Kartoffelpüree »Cabanossi« auf Lollo Rosso

Foto unten

3 Portionen

Zubereitungszeit:	25 Min.
1 Kopf Lollo Rosso	putzen, waschen und in Streifen schneiden. Einige Blätter für die Dekoration zur Seite stellen.
1 Beutel MAGGI Salat mit Pfiff »Gartenkräuter«	in eine Schüssel geben,
3 EL Wasser	und
3 EL THOMY Reines Sonnenblumenöl	dazugeben und verrühren. Lollo Rosso zufügen und mischen.
100 g Cabanossi	in Scheiben schneiden.
3 Zwiebeln, klein	schälen und in kleine Würfel schneiden. In einer Pfanne
20 g Butter	heiß werden lassen, Zwiebeln darin anbraten. Cabanossi zugeben und ca. 3 Min. mitbraten. In einem Topf
³/₈ l Wasser	mit
¹/₂ TL Salz	aufkochen. Topf von der Kochstelle nehmen.
¹/₈ l Milch	zugießen.
1 Beutel MAGGI Kartoffel-Püree	mit einem Kochlöffel gut einrühren. Zwiebeln und Cabanossi zugeben und unterrühren. Den Salat auf Tellern verteilen und das Püree darauf anrichten. Mit dem restlichen Salat und
2 EL Schnittlauchröllchen	garniert servieren.

Tipp: Statt Lollo Rosso können Sie auch Lollo Bianco oder Frisee verwenden.

MAGGI KOCHSTUDIO Ernährungsinfo:

Je Portion:
B: 2055 kJ (491 kcal)
N: E 11 g, KH 30 g, F 38 g

Zwetschgenknödel
Foto oben

4 Portionen

Zubereitungszeit:	45 Min.
1 Packung MAGGI	
Halb & Halb Knödel	mit dem Schneebesen in
³/₄ l Wasser, kalt	einrühren und 10 Min. quellen lassen.
16 Zwetschgen	waschen, entsteinen und mit
16 Stück Würfelzucker	füllen.
	Aus dem Knödelteig 16 Knödel
	formen und in die Mitte jeweils eine
	gefüllte Zwetschge hineinlegen.
	In einem Topf
3 l Wasser	mit
Salz	zum Kochen bringen. Die Knödel
	hineinlegen und kurz aufkochen. Im
	offenen Topf bei geringer Wärme-
	zufuhr in 20 Min. gar ziehen lassen.
	In einem Topf
80 g Butter	heiß werden lassen und
2 EL Semmelbrösel	zugeben.
40 g Zucker	mit
1 TL Zimt	mischen. Zwetschgenknödel
	mit Semmelbrösel und Zimtzucker
	garniert servieren.

MAGGI KOCHSTUDIO
Ernährungsinfo:

Je Portion:
B: 2613 kJ (624 kcal)
N: E 5 g, KH 109 g, F 18 g

Kartoffelknödel mit Knoblauch-Basilikum-Croûtons

Foto unten

6 Portionen

Zubereitungszeit:	45 Min.
1 Brötchen	in kleine Würfel schneiden.
1 Knoblauchzehe	schälen und durchpressen.
6 Blätter Basilikum, frisch	waschen und klein schneiden.
	In einer Pfanne
20 g Butterschmalz	heiß werden lassen. Knoblauch darin andünsten. Brotwürfel zugeben und goldbraun anbraten. Basilikum zugeben und kurz mitbraten.
1 Packung MAGGI Halb & Halb Knödel	in
750 ml Wasser	einrühren und 10 Min. quellen lassen. Aus dem Kartoffelteig 12 Knödel formen, in die Mitte eine Mulde drücken und mit den Croûtons füllen.
2 l Wasser	mit
1 TL Salz	zum Kochen bringen. Die Knödel zugeben und kurz aufkochen. Im offenen Topf bei geringer Wärmezufuhr 20 Min. gar ziehen lassen. Herausnehmen und abtropfen lassen.
	In einer Pfanne
40 g Butter	heiß werden lassen.
4 EL Semmelbrösel	darin goldbraun anbraten und über den Knödeln verteilen.

Servieren Sie dazu Schweinebraten.

MAGGI KOCHSTUDIO
Ernährungsinfo:

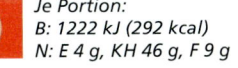

Je Portion:
B: 1222 kJ (292 kcal)
N: E 4 g, KH 46 g, F 9 g

Geschmorte junge Kartoffeln

4 Portionen

Zubereitungszeit:	40 Min.
1 Chilischote, rot	waschen, Kerne und weiße Innenhäute entfernen und in Würfel schneiden.
1 kg Kartoffeln, neu	waschen, schälen und evtl. halbieren.
	In einem breiten Topf
40 g Butterschmalz	heiß werden lassen und die Chilischotenwürfel ca. 2 Min. darin andünsten.
¼ l Wasser	
2 TL MAGGI Bouillon Mediterranea	und die Kartoffeln zugeben. Zugedeckt ca. 25 Min. garen. In den letzten 5 Min. den Deckel vom Topf nehmen und die Flüssigkeit einkochen lassen.

Servieren Sie dazu Lammragout.

MAGGI KOCHSTUDIO
Ernährungsinfo:

Je Portion:
B: 952 kJ (227 kcal)
N: E 5 g, KH 37 g, F 5 g

Rosmarin-Kartoffeln

4 Portionen

Zubereitungszeit:	30 Min.

800 g Kartoffeln, **klein u. fest kochend**	waschen, ca. 20 Min. kochen, pellen und längs halbieren.
30 g Tomaten in Öl	abtropfen lassen und in feine Streifen schneiden.
2 Zweige Rosmarin	waschen, Nadeln von den Stielen zupfen und klein schneiden.
1 Knoblauchzehe	schälen und in kleine Würfel schneiden.
	In einer Pfanne
3 EL Olivenöl	heiß werden lassen. Kartoffeln darin ca. 10 Min. goldbraun braten. In den letzten 2 Min. Tomaten und Knoblauch und Rosmarin zugeben. Mit
MAGGI Würzmischung 7	würzen und abschmecken.

Servieren Sie dazu kurz gebratenes Fleisch und einen Blattsalat.

Tipp: Neue Kartoffeln müssen nicht gepellt werden.

MAGGI KOCHSTUDIO
Ernährungsinfo:    Je Portion:
B: 1019 kJ (243 kcal)
N: E 5 g, KH 33 g, F 9 g

Kartoffel-Gratin mit Lauch

Foto

Kartoffelpuffer

4 Portionen

Zubereitungszeit:	55 Min.
	Backofen auf 200 °C vorheizen.
500 g Kartoffeln	waschen, schälen und in dünne Scheiben schneiden.
	Eine Auflaufform mit
10 g Butter	einfetten. Kartoffelscheiben dachziegelartig einschichten.
350 g Lauch	putzen, waschen, in Ringe schneiden.
	In einer Pfanne
30 g Butterschmalz	heiß werden lassen und Lauch ca. 10 Min. dünsten.
³/₈ l Wasser	zugießen.
1 Beutel MAGGI Fix für Kartoffel Gratin	einrühren und zum Kochen bringen.
1 Becher (à 150 g) Crème fraîche	unterrühren. Lauch über die Kartoffeln geben.
50 g Gouda, 30 % Fett i. Tr.	reiben, darüber streuen und im Backofen ca. 40 Min. backen.

Servieren Sie dazu Schnitzel.

6 Portionen

Zubereitungszeit:	40 Min.
1,2 kg Kartoffeln	waschen, schälen und fein reiben.
1 Beutel MAGGI Fix für Hackbraten	zugeben und gut mischen.
	In einer beschichteten Pfanne
5 EL THOMY Reines Sonnenblumenöl	heiß werden lassen. Den Teig mit einem Esslöffel portionsweise hineingeben, dabei etwas flach drücken. Die Puffer auf beiden Seiten goldgelb braten.

Servieren Sie dazu Apfelmus.

MAGGI KOCHSTUDIO
Ernährungsinfo:

Je Portion:
B: 1210 kJ (289 kcal)
N: E 6 g, KH 39 g, F 11 g

MAGGI KOCHSTUDIO
Ernährungsinfo:

Je Portion:
B: 1772 kJ (423 kcal)
N: E 9 g, KH 28 g, F 29 g

Deftiger Bauernschmaus

3 Portionen

Zubereitungszeit:	25 Min.
300 g Kartoffeln, gekocht	in Scheiben schneiden.
1 Stange Lauch	putzen, waschen und in Ringe schneiden.
100 g Schinkenspeck	in Würfel schneiden. In einer beschichteten Pfanne
1 EL THOMY Reines Sonnenblumenöl	heiß werden lassen. Kartoffeln, Lauch und Schinkenspeck ca. 10 Min. unter Wenden darin braten.
2 Eier	mit
1 EL MAGGI Würze	und
1 Prise Cayennepfeffer	verquirlen. Über die Kartoffeln gießen, den Deckel auflegen und ca. 5 Min. bei geringer Wärmezufuhr stocken lassen.

Servieren Sie dazu einen bunten Salat.

MAGGI KOCHSTUDIO
Ernährungsinfo:

Je Portion:
B: 1657 kJ (396 kcal)
N: E 12 g, KH 17 g, F 30 g

Gemüse

Was Sie wissen sollten!

➜ Gesundheitswert:

Gemüse ist unverzichtbar für eine ausgewogene und gesunde Ernährung. Es enthält wertvolle Ballaststoffe, Vitamine und Mineralien, aber wenig Fett. Fettreich sind nur wenige Gemüse wie z. B. Oliven und Avocados.

➜ Kauf und Lagerung:

Man sollte Gemüse kaufen, wenn es Saison hat. Dann schmeckt es aromatischer, ist frischer und hat kürzer gelagert.

Meiden Sie Gemüse, das welk und verfärbt aussieht.

Packen Sie Gemüse, das Sie nicht sofort verarbeiten, in Papier und legen Sie es ins Gemüsefach des Kühlschranks. Plastiktüten eignen sich nicht zur Aufbewahrung, da sich schnell Flüssigkeit bildet und das Gemüse fault.

Zwiebeln, Knoblauch und Kartoffeln gehören nicht in den Kühlschrank. Sie sollen zwar auch kühl und dunkel, vor allem aber luftig und trocken lagern. Zu empfehlen ist deshalb die Lagerung im Keller oder einem dunklen, nicht zu warmen Abstellraum.

Gemüse können Sie auch gut einfrieren, am besten ganz frisch, dann hat es die meisten Vitamine und Mineralstoffe. Mit einem kleinen Vorrat haben Sie zudem jederzeit Saisongemüse von bester Qualität zur Hand.

➜ Vorbereitung:

Waschen Sie das Gemüse erst, wenn Sie es zubereiten.

Gemüse wie Artischocke, Knollensellerie etc., die an den Schnittflächen schnell braun werden, kann man mit Zitronensaft beträufeln. Die Verfärbung beeinträchtigt allerdings nicht die Qualität; wenn Sie auf unverfälschten Geschmack Wert legen, sollten Sie die optische Beeinträchtigung in Kauf nehmen.

Leicht welkes Gemüse wird oft wieder knackig, wenn Sie es in Eiswasser legen. Grundsätzlich sollte Gemüse aber nicht im Wasser liegen, da die Vitamine dadurch ausgelaugt werden.

➜ Zubereitung:

Die meisten Gemüse sollten nur so lange garen, dass sie noch Biss haben, so bleiben Farbe, Geschmack und Struktur erhalten.

Um die Vitamine zu schonen, wird Gemüse in wenig leicht gesalzenem Wasser gegart. Das Kochwasser können Sie gut für Soßen und Suppen verwenden, denn es hat Geschmack und enthält Vitamine.

Wenn Sie das Gemüse blanchieren, sollten Sie es anschließend kurz in Eiswasser tauchen, damit es nicht weitergart und seine Farbe nicht verliert.

Blanchieren / Gemüse

Zutaten (als Beilage für ca. 2 Portionen):
4 Möhren
¹/₂ Knollensellerie
2 l Wasser
1 TL Salz

1 Möhren und Knollensellerie putzen, waschen und schälen. Je nach Weiterverarbeitung das Gemüse in gleichmäßige Scheiben oder Stifte schneiden.

2 In einem Topf Wasser und Salz zum Kochen bringen. Möhren und Knollensellerie ca. 30 Sek. darin blanchieren, das heißt in kochendem Salzwasser garen.

3 Die Gemüsestreifen mit einer Schaumkelle herausnehmen und in eine Schüssel mit eiskaltem Wasser geben, damit sie nicht weitergaren. Dadurch bleibt auch die intensive Farbe der Möhren erhalten. Das Gemüse aus dem Wasser heben und auf einem Sieb abtropfen lassen.

Dünsten / Blattspinat

Zutaten für 3–4 Portionen:
800 g frischer Spinat
1 Zwiebel
20 g Butter
1 TL Salz
Pfeffer aus der Mühle
Muskatnuss

1 Den Spinat putzen, d. h. die braunen und welken Stellen an den Blättern entfernen und die Stiele etwas einkürzen. Kaltes Wasser ins Spülbecken einlassen und den Spinat darin mehrmals waschen, um den Sand auszuspülen. Anschließend in einem Sieb abtropfen lassen.

2 Zwiebel schälen und in feine Würfel schneiden. In einer Pfanne Butter heiß werden lassen und die Zwiebelwürfel darin andünsten.

3 Spinat in die Pfanne geben und den Deckel auflegen. Der Spinat fällt beim Dünsten zusammen. Nach ca. 2 Min. umrühren und weitere 3 Min. dünsten.

4 Spinat mit Salz, Pfeffer und Muskatnuss würzen.

Tipp!

Verwenden Sie statt Salz, Pfeffer und Muskatnuss einfach Maggi Würzmischung 2.

Dämpfen / Blumenkohl

Zutaten für 4 Portionen:
1 Blumenkohl
200 ml Wasser
1 TL Salz

1 Blumenkohl putzen, d. h. Blätter und den harten Strunk entfernen. Anschließend in Röschen teilen und waschen. In einen Topf Wasser und Salz geben und alles zum Kochen bringen.

2 Die Blumenkohlröschen in einen Siebeinsatz legen und den Einsatz in den Topf übers kochende Wasser hängen. Der Blumenkohl darf das Wasser nicht berühren. Im geschlossenen Topf die Blumenkohlröschen ca. 15 Min. dämpfen.

3 Den Siebeinsatz aus dem Topf heben und die Blumenkohlröschen wie gewünscht weiterverarbeiten.

Tipp!

Zum Blumenkohl schmeckt z. B. sehr gut die Sauce Hollandaise von Seite 230.

Braten im Wok / Wokgemüse

Zutaten für 4 Portionen:
200 g Zuckerschoten
2 Möhren
3 Frühlingszwiebeln
200 g Sojasprossen
200 g Shiitake-Pilze
2 EL THOMY Reines Sonnenblumenöl
3–4 EL Sojasauce (siehe Tipp)
Pfeffer aus der Mühle

1 Zuckerschoten waschen, die beiden Enden abschneiden und halbieren. Möhren putzen, waschen, schälen und längs in feine, gleichmäßige Streifen schneiden. Frühlingszwiebeln putzen, waschen und in Ringe schneiden. Sojasprossen waschen, Shiitake-Pilze putzen und in kleine Stücke schneiden.

2 In einem Wok THOMY Reines Sonnenblumenöl heiß werden lassen. Das Gemüse zugeben. Alles bei mittlerer Wärmezufuhr unter ständigem Rühren ca. 10 Min. anbraten.

3 Das Gemüse mit Sojasauce und Pfeffer würzen und ca. 3 Min. bei geringer Wärmezufuhr dünsten lassen.

Das Kochen im Wok – auch Pfannenrühren genannt – stammt aus der chinesischen Küche. Ein Wok ist eine gewölbte Eisenpfanne aus Stahl, Aluguss, Gusseisen oder Kupfer. Er wird sehr heiß und eignet sich bestens für die minutenschnelle, schonende Zubereitung von Speisen. Wichtig ist das ständige Rühren während des Garens. Nur so schließen sich die Poren der Zutaten, und Nährstoffe, Aroma, Farbe und Geschmack bleiben erhalten.

Tipp!

Wenn Sie keine Sojasauce vorrätig haben, mischen Sie MAGGI Würze und Sherry im Verhältnis 7:3.

Bunte Gemüseplatte mit Zitronen-Hollandaise

4 Portionen

Zubereitungszeit:	45 Min.
2 Möhren	putzen, waschen, schälen und in Scheiben schneiden.
250 g Blumenkohl	und
250 g Broccoli	putzen, waschen und in Röschen teilen.
250 g Zuckerschoten	putzen und waschen.
$^1/_8$ l Wasser	zum Kochen bringen.
1 TL MAGGI Klare Gemüsebrühe	darin auflösen. Möhren darin ca. 4 Min. garen. Blumenkohl, Broccoli und Zuckerschoten zugeben und weitere 10 Min. garen. Gemüse auf einer Platte anrichten und warm stellen. In einem Topf
1 Packung THOMY Les Sauces Zitronen-Hollandaise	heiß werden lassen und zu der Gemüseplatte servieren.

Servieren Sie dazu neue Kartoffeln.

MAGGI KOCHSTUDIO Ernährungsinfo:	Je Portion: B: 798 kJ (190 kcal) N: E 7 g, KH 15 g, F 10 g

Austernpilz-Pfanne mit Frühlingszwiebeln

Zubereitungszeit:	30 Min.
400 g Austernpilze	putzen.
200 g Frühlingszwiebeln	putzen, waschen und in Ringe schneiden. In einer Pfanne
2 EL THOMY Reines Sonnenblumenöl	heiß werden lassen und beides darin dünsten. Mit
MAGGI Würzmischung 1	würzen.
1 Packung THOMY Les Sauces Pfannen Sahne-Sauce	und
200 ml Wasser	zugießen und heiß werden lassen. Mit
2 EL Petersilie, gehackt	garniert servieren.

MAGGI KOCHSTUDIO
Ernährungsinfo:

Je Portion:
B: 1024 kJ (244 kcal)
N: E 4 g, KH 5 g, F 22 g

Gnocchi mit Gemüsesoße
Foto

Zubereitungszeit:	25 Min.
1 Kohlrabi	und
500 g Möhren	putzen, waschen, schälen und in Stifte schneiden.
200 g Zuckerschoten	putzen, waschen und halbieren.
1 Bund Frühlingszwiebeln	putzen, waschen und in Ringe schneiden.
	In einem Topf
2 EL THOMY Reines Sonnenblumenöl	heiß werden lassen und das Gemüse darin ca. 4 Min. dünsten.
200 ml Wasser	
3 EL MAGGI Gourmet Bouillon Gemüse	und
150 g Frischkäse	zugeben, unterrühren und 5 Min. zugedeckt garen.
1 Packung (400 g) BUITONI Fresco Gnocchi di patate	zugeben und in der Gemüsesoße heiß werden lassen. Mit
3 EL Petersilie, gehackt	garniert servieren.

MAGGI KOCHSTUDIO
Ernährungsinfo:

Je Portion:
B: 1400 kJ (334 kcal)
N: E 11 g, KH 70 g, F 10 g

Paprikaschoten mit Orangen-Koriander-Soße

Foto

6 Portionen

Zubereitungszeit:	45 Min.

12 Paprikaschoten, klein	waschen und auf ein Backblech legen. Unter dem Grill 6 Min. rösten, dabei einmal wenden. Herausnehmen und 10 Min. mit einem feuchten Tuch abdecken. Die Haut abziehen und jede Paprikaschote seitlich einschneiden. Kerne und weiße Trennwände durch diesen Einschnitt herauslösen.
4 Eier	hart kochen und pellen.
4 Sardellenfilets	abspülen. Beides in kleine Würfel schneiden.
2 Scheiben Toastbrot	in kleine Würfel schneiden. In einer Pfanne
3 EL Olivenöl	heiß werden lassen. Toastbrotwürfel darin goldbraun rösten.
1 Knoblauchzehe	schälen, durchpressen und zugeben.
1 Bund Petersilie, glatt	waschen, Blättchen von den Stielen zupfen und klein schneiden. Eier, Sardellen, Toastbrotwürfel und Petersilie mit
2 EL Zitronensaft	und
3 EL Olivenöl	mischen. Mit
Fondor	würzen und abschmecken. Füllung durch die Einschnitte in die Paprikaschoten füllen.
1 Beutel MAGGI Salat mit Pfiff »Kräuter-Paprika«	mit
3 EL Orangensaft	
3 EL Olivenöl	und
1 Prise Koriander, gemahlen	verrühren. Die gefüllten Paprikaschoten auf einer Platte anrichten und die Salatsoße darüber verteilen.

MAGGI KOCHSTUDIO Ernährungsinfo:	*Je Portion:* *B: 1447 kJ (345 kcal)* *N: E 11 g, KH 16 g, F 26 g*

Rahmwirsing mit Pfifferlingen

5 Portionen

Zubereitungszeit:	40 Min.

1 Wirsing (ca. 1000 g)	putzen, waschen, vierteln, den Strunk entfernen und in Streifen schneiden.
1 Zwiebel	schälen und in Würfel schneiden.
100 g Speck, durchwachsen u. geräuchert	in Würfel schneiden.
2 EL THOMY Reines Sonnenblumenöl	in einem Topf heiß werden lassen. Speckwürfel ca. 3 Min. anbraten. Zwiebelwürfel zugeben und ca. 2 Min. mitbraten. Wirsing zugeben und kurz andünsten.
1/8 l Wasser	und
250 ml Sahne, süß	zugießen.
2 TL MAGGI Klare Gemüsebrühe	darin auflösen. Bei geringer Wärmezufuhr zugedeckt ca. 10 Min. garen. Dabei gelegentlich umrühren.
1 Dose (190 g) Pfifferlinge	abtropfen lassen. Zugeben und 2 Min. heiß werden lassen.

Servieren Sie dazu Frikadellen und MAGGI Kartoffel-Püree.

MAGGI KOCHSTUDIO Ernährungsinfo:	*Je Portion:* *B: 1606 kJ (383 kcal)* *N: E 10 g, KH 7 g, F 34 g*

Rosenkohl-Apfel-Gemüse

4 Portionen

Zubereitungszeit:	35 Min.
750 g Rosenkohl	putzen, waschen und den Strunk kreuzförmig einschneiden.
1 Zwiebel	schälen und in Würfel schneiden.
	In einem Topf
1 EL THOMY Reines Sonnenblumenöl	heiß werden lassen. Zwiebel darin andünsten.
200 ml Wasser	und
100 ml Apfelsaft	zugießen und zum Kochen bringen.
1 Würfel MAGGI Klare Gemüse Brühe	darin auflösen. Rosenkohl zugeben und ca. 20 Min. kochen.
1 Bund Majoran	waschen, kleinschneiden und zusammen mit
150 g Apfelmus	
4 EL Sahne, süß	und
2 TL THOMY Meerrettich	zugeben. Mit
Pfeffer a. d. Mühle	und
Muskatnuss	würzen und abschmecken.
100 g Speck, durchwachsen u. geräuchert	in kleine Würfel schneiden und in einer Pfanne ohne Fett knusprig braten.
2 Äpfel	waschen, in Viertel schneiden, Kerngehäuse entfernen, in kleine Würfel schneiden und zum Speck geben. Rosenkohl anrichten und Speck-Apfel-Würfel darüber geben.

Servieren Sie dazu Kasseler oder Braten.

MAGGI KOCHSTUDIO Ernährungsinfo:
Je Portion:
B: 1644 kJ (392 kcal)
N: E 12 g, KH 26 g, F 25 g

Bohnen-Kürbis-Gemüse
Foto

4 Portionen

Zubereitungszeit:	30 Min.
600 g Bohnen, grün	putzen, waschen und in Stücke schneiden.
¹/₂ l Wasser	mit
Fondor	zum Kochen bringen. Die Bohnen zugeben und ca. 15 Min. zugedeckt garen. Auf ein Sieb geben und abtropfen lassen.
¹/₄ l Wasser	in einem Topf erwärmen.
1 Päckchen MAGGI Delikatess Feine helle Soße Holländische Art	mit einem Schneebesen einrühren und aufkochen.
150 g Gorgonzola	zugeben und bei geringer Wärmezufuhr in der Sauce schmelzen lassen.
1 Glas (330 g) Kürbis	abtropfen lassen. Zusammen mit den Bohnen in die Sauce geben und heiß werden lassen.

Servieren Sie dazu Schnitzel oder Koteletts.

MAGGI KOCHSTUDIO Ernährungsinfo:
Je Portion:
B: 994 kJ (237 kcal)
N: E 13 g, KH 13 g, F 14 g

Gemüse-Wok
mit Kalbfleisch
Foto oben

4 Portionen

Zubereitungszeit:	45 Min.
2 Zwiebeln	schälen und in Ringe schneiden.
250 g Möhren	putzen, waschen, schälen und in Stifte schneiden.
100 g Champignons	putzen und in Scheiben schneiden.
250 g Zucchini	putzen, waschen, der Länge nach in Viertel schneiden, dann in Scheiben schneiden.
	In einem Wok
2 EL THOMY Reines Sonnenblumenöl	heiß werden lassen.
500 g Kalbsgeschnetzeltes	darin portionsweise anbraten und herausnehmen. Die entstehende Flüssigkeit verdampfen lassen.
3 EL THOMY Reines Sonnenblumenöl	in dem Wok heiß werden lassen. Zwiebeln in den Wok geben und kurz andünsten. Möhren zugeben und ca. 3 Min. andünsten. Nacheinander Champignons und Zucchini zugeben und Gemüse weitere 3 Min. andünsten.
150 ml Wasser	zugießen und
3 TL MAGGI Rinds-Bouillon	darin auflösen, zugedeckt 10 Min. dünsten.
1 EL Crème fraîche	unterrühren, Fleisch zugeben. Mit
1 EL Petersilie, gehackt	garniert servieren.

Servieren Sie dazu Reis.

MAGGI KOCHSTUDIO
Ernährungsinfo:

Je Portion:
B: 1334 kJ (318 kcal)
N: E 30 g, KH 6 g, F 18 g

Bunter Gemüse-Wok
Foto unten

4 Portionen

Zubereitungszeit:	40 Min.
2 Möhren	putzen, waschen, schälen und in Scheiben schneiden.
6 Stangen Staudensellerie	putzen, waschen und in Scheiben schneiden.
1 Stange Lauch	putzen, waschen und in Ringe schneiden.
250 g Broccoli	putzen, waschen und in Röschen teilen.
250 g Zuckerschoten	putzen und waschen.
3 EL Kürbiskerne	in einem Wok ohne Fett rösten und herausnehmen. In dem Wok
2 TL THOMY Reines Sonnenblumenöl	heiß werden lassen. Möhren, Staudensellerie und Lauch in den Wok geben und ca. 3 Min. andünsten. Das restliche Gemüse zugeben und weitere 3 Min. dünsten.
⅛ l Wasser	zugießen.
2 TL MAGGI Klare Gemüsebrühe	darin auflösen. Unter Rühren aufkochen und ca. 5 Min. kochen lassen. Mit Kürbiskernen garniert servieren.

Servieren Sie dazu Basmati-Reis.

MAGGI KOCHSTUDIO
Ernährungsinfo:
Je Portion:
B: 811 kJ (194 kcal)
N: E 10 g, KH 15 g, F 9 g

Gemüsesalat aus dem Wok

6 Portionen

Zubereitungszeit:	45 Min.
200 g Zuckerschoten	putzen, waschen und zweimal durchschneiden.
1 Bund Frühlingszwiebeln	putzen, waschen, den weißen Teil in Ringe schneiden, den grünen Teil in 2–3 cm lange Stücke schneiden.
200 g Möhren	putzen, waschen, schälen und in dünne Scheiben hobeln.
1 Paprikaschote, gelb	waschen, Kerne und weiße Innenhäute entfernen, in Viertel und dann in Streifen schneiden.
400 g Chinakohl	putzen, waschen, den Strunk entfernen und in Streifen schneiden.
	In einem Wok
2 EL THOMY Reines Sonnenblumenöl	heiß werden lassen und das Gemüse, bis auf den Chinakohl, ca. 4 Min. andünsten. Kurz vor Garzeitende
3 EL Sesamkörner	zufügen und kurz mitrösten. Das Gemüse in eine große Schüssel füllen und lauwarm abkühlen lassen.
2 Beutel MAGGI Salat mit Pfiff »Gartenkräuter«	mit
6 EL MAGGI Internationale Würzsauce Asia	und
6 EL THOMY Reines Sonnenblumenöl	verrühren. Die Salatsauce mit dem gegarten Gemüse, Chinakohl und
2 EL Koriander, gehackt	verrühren und servieren.

Servieren Sie dazu Saté-Spieße oder Tandoori-Hähnchen.

MAGGI KOCHSTUDIO
Ernährungsinfo:
Je Portion:
B: 1078 kJ (257 kcal)
N: E 4 g, KH 17 g, F 18 g

Broccoli-Bananen-Salat

Zubereitungszeit:	30 Min.
500 g Broccoli	putzen, waschen, in kleine Röschen teilen und in einen Dämpfeinsatz geben.
	In einem Topf
1 l Wasser	zum Kochen bringen. Den Broccoli ca. 5–7 Min. dämpfen (das Wasser soll den Dämpfeinsatz nicht berühren). Anschließend in
1 l Wasser, kalt	abschrecken und abkühlen lassen.
1 Banane	schälen und in Scheiben schneiden.
	Für die Soße:
2 EL THOMY Delikatess-Senf	mit
1 TL Honig	
1 EL Apfelessig	
1 EL THOMY Reines Sonnenblumenöl	und
1 EL Mandeln, gehackt	verrühren. Die Soße mit den Zutaten mischen und ca. 1 Std. durchziehen lassen.

MAGGI KOCHSTUDIO
Ernährungsinfo:

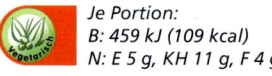

Je Portion:
B: 459 kJ (109 kcal)
N: E 5 g, KH 11 g, F 4 g

Spargelcurry mit Kartoffeln und Ingwer
Foto oben

Zubereitungszeit:	35 Min.
1 Fenchelknolle	putzen, waschen und in 2 cm große Stücke schneiden.
1 Stück (ca. 5 cm) Ingwer	und
2 Knoblauchzehen	schälen und klein hacken.
500 g Spargel, weiß	waschen, schälen und schräg in ca. 4 cm lange Stücke schneiden.
300 g Kartoffeln	waschen, schälen und in ca. 3 cm große Würfel schneiden.
250 g Tomaten	waschen, den Blütenansatz entfernen und in Würfel schneiden.
	In einer Pfanne oder in einem Wok
2 EL THOMY Reines Sonnenblumenöl	heiß werden lassen. Knoblauch, Ingwer, Fenchel und die Kartoffeln darin 4 Min. andünsten. Dabei gelegentlich umrühren. Spargel zugeben und 3 Min. mit andünsten. Anschließend Tomaten zugeben und zugedeckt weitere 6–7 Min. dünsten.
500 ml Wasser	dazugießen.
2 Beutel MAGGI Meisterklasse Zubereitung für Curry-Rahmsauce	einrühren, zum Kochen bringen und 10 Min. bei geringer Wärmezufuhr kochen. Dabei gelegentlich umrühren.
1 Bund Koriander	waschen, abtropfen lassen, die Blättchen von den Stielen zupfen und grob hacken.

Das Spargelcurry auf Tellern verteilen und mit Koriander garniert servieren.

Tipp: Ersetzen Sie Wasser durch Kokosmilch – so erhalten Sie eine interessante Rezeptvariante.

MAGGI KOCHSTUDIO
Ernährungsinfo:

Je Portion:
B: 890 kJ (212 kcal)
N: E 6 g, KH 24 g, F 9 g

Paprikaschoten Chili con Carne

Foto unten

4 Portionen

Zubereitungszeit	40 Min.
250 g Prinzessbohnen	putzen, waschen und in mundgerechte Stücke brechen.
1 Zwiebel	schälen, in kleine Würfel schneiden.
	In einer Pfanne
20 g Butter	heiß werden lassen und beides darin andünsten.
1 Dose (212 ml) Kidneybohnen	abtropfen lassen. Flüssigkeit zu den Prinzessbohnen geben.
1 Beutel MAGGI Fix für Chili con Carne	einrühren, zum Kochen bringen und alles 10 Min. dünsten.
150 g Schafskäse, mild	unter die Kidneybohnen mischen.
4 Paprikaschoten	waschen, jeweils einen Deckel abschneiden, Kerne und weiße Innenhäute entfernen. Die Paprikaschoten mit Chili con Carne füllen.
	In einem Topf
⅛ l Wasser	zum Kochen bringen und
1 TL MAGGI Klare Gemüsebrühe	darin auflösen. Paprikaschoten hineingeben und zugedeckt bei geringer Wärmezufuhr ca. 15 Min. garen (oder in einer feuerfesten Form im Backofen bei 200 °C ca. 30 Min. zugedeckt garen).

Servieren Sie dazu Natur- oder Langkornreis.

MAGGI KOCHSTUDIO
Ernährungsinfo:

Je Portion:
B: 1006 kJ (240 kcal)
N: E 14 g, KH 16 g, F 12 g

Gemüsegratin mit Parmesan-Kräuterkruste

4 Portionen

Zubereitungszeit:	60 Min.
	Backofen auf 200 °C vorheizen.
3 Zucchini	putzen, waschen und in Scheiben schneiden.
2 Fleischtomaten	waschen, den Blütenansatz entfernen und in Scheiben schneiden.
2 Fenchelknollen	putzen, waschen und in Scheiben schneiden.
3 Kartoffeln	waschen, schälen und in Scheiben schneiden.
1 TL Olivenöl	Eine flache Auflaufform mit einfetten. Die Gemüsescheiben ein-schichten.
100 ml Wasser	In einem Topf zum Kochen bringen.
1 Würfel MAGGI Klare Suppe mit Suppengrün	darin auflösen.
1 Becher (250 g) Crème fraîche	unterrühren und über das Gemüse gießen. Im Backofen 20 Min. backen.
2 Knoblauchzehen	schälen und durchpressen.
1 Zitrone, unbehandelt	heiß waschen, die Schale abreiben und mit
3 EL Parmesan	
3 EL Paniermehl	
2 Päckchen (à 50 g) Basilikum, tiefgefroren	und
2 EL Olivenöl	verrühren, über das Gratin geben und weitere 20 Min. garen.

Servieren Sie das Gemüsegratin zu Lammkoteletts.

MAGGI KOCHSTUDIO
Ernährungsinfo:

Je Portion:
B: 2124 kJ (507 kcal)
N: E 12 g, KH 29 g, F 37 g

Zucchini-Moussaka

2 Portionen

Zubereitungszeit:	60 Min.
	Backofen auf 200 °C vorheizen.
250 g Zucchini	putzen, waschen und in dicke Scheiben schneiden.
250 g Kartoffeln	waschen, schälen und in dünne Scheiben schneiden.
	In einem Topf
1 EL THOMY Reines Sonnenblumenöl	heiß werden lassen.
250 g Hackfleisch, gemischt	darin anbraten.
250 ml Wasser	zugießen.
1 Beutel MAGGI Fix für Bauern-Topf mit Hackfleisch	einrühren und zum Kochen bringen. Kartoffelscheiben zugeben und 3 Minuten zugedeckt bei geringer Wärmezufuhr kochen. Dabei gelegentlich umrühren. Von der Kochstelle nehmen. Zucchinischeiben untermischen und alles in eine flache Auflaufform füllen. Mit
50 g Käse, gerieben	bestreuen und im Backofen ca. 40 Minuten goldbraun backen.

MAGGI KOCHSTUDIO
Ernährungsinfo:
Je Portion:
B: 2515 kJ (601 kcal)
N: E 41 g, KH 30 g, F 34 g

Gemüsesoufflé
Foto oben

8 Portionen

Zubereitungszeit:	80 Min.
	Backofen auf 180 °C vorheizen.
300 g Möhren	putzen, waschen, schälen und grob raspeln.
300 g Zucchini	putzen, waschen und grob raspeln.
	In einem Topf
3/8 l Wasser	zum Kochen bringen.
1/2 Würfel MAGGI Klare Suppe mit Suppengrün	darin auflösen. Das Gemüse zugeben und ca. 2 Min. blanchieren. Topf von der Kochstelle nehmen.
1/8 l Sahne, süß 1 Beutel MAGGI Kartoffel-Püree	zufügen und mit einem Kochlöffel einrühren, ca. 1 Min. quellen lassen und nochmals umrühren.
2 Eier	trennen. Das Eigelb mit
1 Päckchen 8-Kräuter, tiefgefroren	zufügen und glatt rühren.
150 g Emmentaler, 45 % Fett i. Tr.	reiben.
100 g Schinken, roh	in Würfel schneiden.
	Eiweiß steif schlagen und mit dem Käse und dem Schinken unter die Kartoffelmasse heben.
10 g Butter/Margarine	Eine Auflaufform mit einfetten. Die Masse einfüllen und glatt streichen. Das Soufflé im Backofen ca. 40 Min. backen.

MAGGI KOCHSTUDIO
Ernährungsinfo:
Je Portion:
B: 1078 kJ (257 kcal)
N: E 11 g, KH 12 g, F 18 g

Gemüse-Cassoulet
Foto unten

6 Portionen

Zubereitungszeit:	50 Min.
600 g Kartoffeln, fest kochend	waschen, schälen und in Würfel schneiden.
400 g Möhren	putzen, waschen, schälen und in Scheiben schneiden.
3 EL Olivenöl	in einem feuerfesten Bräter heiß werden lassen. Kartoffeln und Möhren mit
2 Lorbeerblättern	darin andünsten. Mit
MAGGI Würzmischung 1	würzen.
400 ml Wasser	zugießen.
1 Beutel MAGGI Meisterklasse Zwiebelsuppe Feinschmecker Art	einrühren und zum Kochen bringen. Ca. 10 Min. zugedeckt garen. Backofen auf 250 °C vorheizen.
1 Dose (850 ml) Tomaten, geschält	abtropfen lassen und klein schneiden.
1 Dose (850 ml) Bohnen, weiß	abspülen und abtropfen lassen.
3 Zweige Thymian	und
3 Stängel Majoran, frisch	waschen und Blättchen von den Stielen zupfen. Tomaten, Bohnen und Kräuter in den Bräter geben. Weitere 5 Min. zugedeckt garen. In einer Pfanne
60 g Butter	schmelzen lassen.
70 g Semmelbrösel	zugeben und leicht anrösten. Die Semmelbrösel auf dem Gemüse verteilen. Im Backofen ca. 8 Min. überbacken.

Servieren Sie dazu Baguette.

MAGGI KOCHSTUDIO
Ernährungsinfo:

Je Portion:
B: 1690 kJ (403 kcal)
N: E 13 g, KH 48 g, F 16 g

Überbackener Fenchel mit Kräuterkruste

Foto oben

Zubereitungszeit:	40 Min.
	Backofen auf 200 °C vorheizen.
4 Fenchelknollen	putzen, waschen, das Fenchelgrün abschneiden, klein schneiden und zur Dekoration zurückbehalten. Die Fenchelknollen der Länge nach halbieren.
	In einem Topf
Wasser	mit
Fondor	und
4 EL Zitronensaft	zum Kochen bringen. Die Fenchelhälften darin ca. 10–15 Min. bissfest garen. Anschließend gut abtropfen lassen und nebeneinander in eine mit
1 EL Olivenöl	ausgestrichene Auflaufform legen.
	Für die Brotkruste:
100 g Weißbrot	fein zerbröseln.
½ Bund Basilikum	waschen, Blättchen von den Stielen zupfen und klein schneiden.
	In einer Pfanne
3 EL Olivenöl	heiß werden lassen. Die Brösel darin goldbraun rösten. Anschließend Basilikum und Fenchelgrün zugeben. Mit
MAGGI Würzmischung 7	würzen und abschmecken. Von der Kochstelle nehmen und abkühlen lassen.
60 g Pecorino	fein reiben. Die Hälfte davon unter die Bröselmischung geben.
	Für die Tomatensoße:
500 ml Wasser	erwärmen.
2 Beutel MAGGI Fix für Spaghetti Napoli	einrühren und zum Kochen bringen. Dabei gelegentlich umrühren.
2 EL Olivenöl	zugeben. Die Soße über den Fenchel gießen und
40 g Oliven, schwarz (entsteint)	darüber streuen. Die Bröselmischung über den Fenchel streuen und mit dem restlichen Käse bestreuen.

Im Backofen 20 Min. backen. Falls die Brotkruste zu dunkel wird, die Auflaufform mit Alufolie abdecken.

Mit

Basilikumblättchen garniert servieren.

Servieren Sie dazu Baguette.

MAGGI KOCHSTUDIO
Ernährungsinfo:

Je Portion:
B: 1790 kJ (427 kcal)
N: E 11 g, KH 30 g, F 28 g

50 g Weißbrot	**Für die Auberginenröllchen:** klein schneiden und zerbröseln.
1 Zwiebel	schälen und in Würfel schneiden.
1 Bund Minze	waschen und klein schneiden. Einige Blättchen zur Dekoration zurück behalten.
250 g Rinderhackfleisch	mit
2 EL MAGGI Würzmischung 5	würzen und mit Weißbrot, Zwiebeln und der Minze gut mischen.

Jeweils 1–2 TL der Hackfleischmischung auf das schmale Ende der Auberginenscheiben geben und einrollen. Die Röllchen auf die Tomatensoße in die Auflaufform setzen. Im Backofen ca. 20 Min. backen.

50 g Feta-Käse	in Würfel schneiden, auf den Auberginenröllchen verteilen und mit
2 EL Pinienkernen	bestreut weitere 10 Min. backen.

Mit den Minzeblättchen garniert servieren.

Servieren Sie dazu Kartoffeln aus dem Ofen mit Rosmarin.

Auberginenröllchen auf Tomatensoße
Foto unten

4 Portionen

Zubereitungszeit:	60 Min.

Backofen auf 200 °C vorheizen.

2 Auberginen, klein	putzen, waschen und längs in sehr dünne Scheiben schneiden. In einer Pfanne
4 EL Olivenöl	heiß werden lassen. Die Auberginenscheiben darin nacheinander von beiden Seiten braten, bis sie weich sind. Anschließend auf Küchenpapier abtropfen lassen. Mit
MAGGI Würzmischung 7	kräftig würzen.

2 Knoblauchzehen	**Für die Tomatensoße:** schälen und in Scheiben schneiden.

3 EL Olivenöl	In einer Pfanne heiß werden lassen. Knoblauch darin andünsten.
1 Dose (400 g) Pizza-Tomaten	zufügen und bei geringer Wärmezufuhr 2 Min. kochen. Mit
MAGGI Würzmischung 7	kräftig würzen und abschmecken. In eine Auflaufform gießen.

MAGGI KOCHSTUDIO
Ernährungsinfo:

Je Portion:
B: 1940 kJ (463 kcal)
N: E 21 g, KH 14 g, F 35 g

Wirsingröllchen mit Lachsfüllung

3 Portionen

Zubereitungszeit:	70 Min.
	Backofen auf 200 °C vorheizen.
600 g Wirsing	putzen und waschen. Die äußeren Blätter entfernen, den harten Strunk keilförmig herausschneiden. Restliche Blätter ablösen.
Wasser	mit
Fondor	in einem großen Topf zum Kochen bringen. Wirsingblätter zugeben und ca. 2 Min. garen. Herausnehmen, kalt abschrecken und gut abtropfen lassen.
250 g Lachs-Filet	waschen, trockentupfen und in 1–2 cm große Würfel schneiden. Mit
MAGGI Würzmischung 4	würzen. Die Wirsingblätter ausbreiten. Bei kleineren Blättern den Strunk herausschneiden. Große Blätter längs halbieren, dabei den Mittelstrunk entfernen. Jeweils 2 Blätter aufeinander legen. 2 Lachswürfel darauf geben und in die Wirsingblätter einrollen, dabei die Seiten der Blätter nach innen einschlagen. Nebeneinander in eine Auflaufform legen.
¼ l Milch	in einem Topf erwärmen.
1 Beutel MAGGI Fix für Lachs-Sahne-Gratin	einrühren. Unter Rühren einmal aufkochen. Über den Wirsingröllchen verteilen. Im Backofen ca. 30 Min. backen.

Servieren Sie dazu Reis.

MAGGI KOCHSTUDIO Ernährungsinfo:	*Je Portion:* *B: 1287 kJ (307 kcal)* *N: E 25 g, KH 14 g, F 16 g*

Fisch & Meeresfrüchte

Was Sie wissen sollten!

 **Nährwert:**

Fisch zählt für den Menschen zu den wichtigsten Nahrungsmitteln. Empfohlen werden 2 bis 3 Fischmahlzeiten in der Woche.

Fisch ist reich an hochwertigem Eiweiß, Mineralstoffen, Vitaminen, ein wertvoller Jod-Lieferant und außerdem sehr leicht verdaulich.

Man unterscheidet fette und fettarme Fische. Bei fettarmen Fischen wie Hecht, Kabeljau oder Schellfisch liegt der Fettgehalt unter 1 %. Fettreiche Fische wie Hering, Lachs, Thunfisch oder Makrele enthalten ca. 25 % Fett.

Fischfett besteht aus wertvollen Omega-3-Fettsäuren, die bei regelmäßiger Aufnahme Herz-Kreislauf-Erkrankungen vorbeugen.

Auch Meeresfrüchte, z. B. Muscheln, enthalten hochwertiges Eiweiß, Jod und Eisen.

Fische und ihre Herkunft:

Fische werden nach ihrem Lebensraum in **Süßwasserfische** und **Salz-** oder **Meerwasserfische** eingeteilt.

Zu den bekanntesten Süßwasserfischen gehören:

Aal, Forelle, Hecht, Karpfen, Flussbarsch, Saibling, Lachs und Zander.

Die bekanntesten Salzwasserfische sind:

Gold- und Rotbarsch, Goldbrasse, Hering, Kabeljau, Makrele, Scholle, Seelachs, Seezunge, Seeteufel und Steinbutt.

Daran erkennen Sie frischen Fisch:

Frische Fische riechen angenehm und nur leicht nach Meer.

Die Haut weist einen natürlichen *Glanz* auf, ist von einem feuchten, schleimigen Film überzogen und hat eine intensive *Farbe*.

Die *Schuppen* liegen fest an, die *Augen* sind prall und klar und treten leicht hervor. Die *Kiemen* sind rot gefärbt.

Auf Druck gibt frischer Fisch leicht nach und die Druckstelle geht schnell wieder zurück.

Daran erkennen Sie frische Muscheln:

Frische ist bei Muscheln oberstes Gebot.

Untersuchen Sie vor der Zubereitung jede einzelne Muschel: Rohe Muscheln müssen immer geschlossen sein. Wenn sie geöffnet sind oder fischig riechen, müssen sie aussortiert werden.

Aufbewahrung von Fisch und Meeresfrüchten:

Fische und Muscheln verderben sehr leicht, da sie viel Eiweiß und Wasser enthalten. Daher sollten sie nach dem Kauf möglichst schnell zubereitet und gegessen werden.

Nach dem Kauf können Sie Fisch maximal 1 Tag im untersten Fach des Kühlschranks aufbewahren. Legen Sie den Fisch in eine Glas- oder Porzellanschale und decken Sie ihn mit Frischhaltefolie ab.

Frischen Fisch können Sie bis zu 3 Monate einfrieren. Zum Auftauen legen Sie ihn am besten über Nacht in den Kühlschrank. Geben Sie den Fisch in ein Sieb über eine Schüssel, damit die Flüssigkeit abtropfen kann. Vor der Verarbeitung wird der Fisch kalt abgespült und mit Küchenpapier trockengetupft.

Pochieren / Forelle Blau

Zutaten für 1 Portion:
1 ganze Forelle (ca. 400 g)
Salz
Saft von ¹/₂ Zitrone
ca. 2 l Fischbrühe (s. Seite 40)

1 Forelle vorsichtig innen waschen und trockentupfen. Die Schleimhaut muss unversehrt bleiben, da sonst die Blaufärbung beeinträchtigt wird. Den Fisch nur innen salzen und mit Zitronensaft beträufeln.

2 In einem ovalen Bräter oder entsprechend großen Topf die Fischbrühe aufkochen. Forelle in die Brühe geben und ca. 10 Min. bei geringer Wärmezufuhr gar ziehen lassen. Wenn ein Dämpfeinsatz vorhanden ist, können Sie die Forelle auch darauflegen. Die Brühe darf nicht kochen. Der Fisch ist gar, wenn sich die Rückenflosse leicht herausziehen lässt.

3 Die Forelle vorsichtig mit einer Schaumkelle aus dem Fond herausheben und servieren.

Tipp!

Servieren Sie die Forelle mit zerlassener Butter. Füllen Sie den Bauch der Forelle mit verschiedenen frischen Kräutern – das Aroma wird auf das Fleisch übertragen.

Marinieren / Graved Lachs

Zutaten für ca. 10 Portionen:
1 Lachsseite (ca. 1,2 kg)
1 Bund Dill
125 g Meersalz
125 g Zucker
20 weiße Pfefferkörner

1 Die Lachsseite auf Gräten kontrollieren, gegebenenfalls Gräten mit einer Pinzette herausziehen. Dill waschen, trockenschütteln, fein hacken und mit Salz, Zucker und Pfefferkörnern in einer Schüssel vermischen. Die Lachsseite auf der Oberseite (nicht die Hautseite) mit der Gewürzmischung einreiben.

2 Den marinierten Lachs in einen Gefrierbeutel legen oder in Frischhaltefolie einschlagen und etwa 24 Std. im Kühlschrank ziehen lassen.

3 Lachs aus dem Gefrierbeutel oder der Frischhaltefolie nehmen, Marinade unter fließendem Wasser abspülen und den Fisch mit einem Küchenhandtuch trockentupfen.

4 Den Lachs auf ein Schneidebrett mit der Hautseite nach unten legen und mit einem schmalen, sehr scharfen Messer schräg in dünne Scheiben schneiden.

Tipp!

Graved Lachs hält sich im Kühlschrank ca. 7 Tage.

Dämpfen / Muscheln in Weißwein

Zutaten für 4 Portionen:
1,5 kg Miesmuscheln
1 Möhre
2 Schalotten
1 Knoblauchzehe
¹/₂ Stange Lauch
20 g Butter
4 EL Noilly Prat
200 ml Weißwein
200 ml Fischbrühe (s. Seite 40)
1 Stängel Thymian

1 Die Muscheln zunächst prüfen: Nur Muscheln verwenden, deren Schalen unversehrt und geschlossen sind, die übrigen aussortieren. Muscheln gründlich unter fließendem Wasser abbrausen und abbürsten, um Sand und Härchen vollständig zu entfernen. Wenn vorhanden, den Bart entfernen. Die gesäuberten Muscheln zum Abtropfen in ein Sieb geben.

2 Möhre putzen, waschen und schälen. Schalotten und Knoblauch schälen, Lauch putzen und waschen. Alles in feine Würfel schneiden. In einem großen Topf Butter heiß werden lassen und die Gemüsewürfel darin andünsten.

3 Die Muscheln zugeben, Noilly Prat, Weißwein und Fischfond zugießen. Thymian auf die Muscheln legen und den Topf zudecken. Die Muscheln ca. 7–8 Min. darin dämpfen.

4 Die fertigen Muscheln mit etwas Fond servieren.

Dämpfen / Seelachs

Zutaten für 4 Portionen:
4 Seelachsfilets (à 150 g)
Saft von ¹/₂ Zitrone
Salz
200 ml Wasser

1 Seelachsfilets kurz unter fließendem kalten Wasser waschen und trockentupfen. Auf Gräten kontrollieren, gegebenenfalls Gräten mit einer Pinzette herausziehen. Seelachsfilets mit Zitronensaft beträufeln und ca. 10 Min. ziehen lassen, damit das Fleisch fest und weiß bleibt. Danach die Seelachsfilets mit Salz bestreuen.

2 In einem Topf Wasser und Salz aufkochen lassen. Die Seelachsfilets in einen Dämpf-einsatz geben und über das Wasser hängen. Der Fisch darf das Wasser nicht berühren. Seelachsfilets bei geringer Wärmezufuhr ca. 5 Min. dämpfen lassen.

3 Die fertigen Fischfilets auf eine Platte legen und servieren.

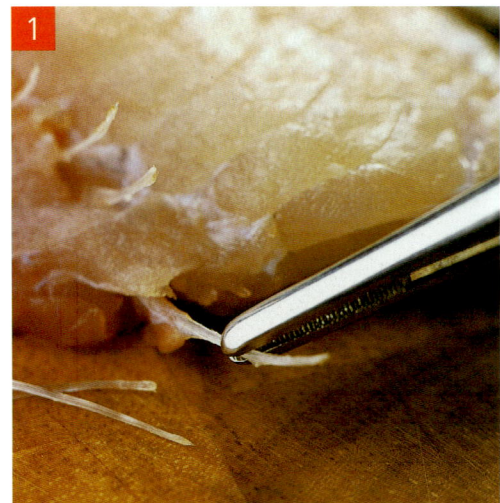

Info!

Wenn Sie den Dampfeinsatz vorher etwas mit Öl einpinseln, klebt der Fisch beim Garen nicht an.

Braten / Scholle

Zutaten für 4 Portionen:
4 Schollen
Saft von 1/2 Zitrone
Salz und Pfeffer aus der Mühle
100 g Mehl
6 EL THOMY Reines Sonnenblumenöl

1 Die Außen- und Schwanzflosse mit einer Küchenschere abschneiden, den Kopf mit einem scharfen Messer V-förmig heraus-trennen. Die Scholle innen und außen waschen und trockentupfen.

2 Die Haut der Scholle von beiden Seiten mit dem Messer rautenförmig einschneiden. So platzt diese beim Braten nicht auf. Dabei möglichst nur die Haut einritzen, um das Fleisch nicht zu verletzen.

3 Die Scholle mit Zitronensaft beträufeln und ca. 10 Min. ziehen lassen, damit das Fleisch fest und weiß bleibt. Anschließend mit Salz und Pfeffer würzen. Mehl auf einen Teller geben und die Schollen darin wenden. Überschüssiges Mehl leicht abklopfen.

4 In einer großen Pfanne THOMY Reines Sonnenblumenöl heiß werden lassen. Die Scholle von beiden Seiten jeweils ca. 8 Min. braten.

Frittieren / Scampi in Tempurateig

Zutaten für 2–3 Portionen:
600 g geschälte Scampi
Salz und Pfeffer aus der Mühle

Für den Tempurateig:
200 g Mehl
1 TL Backpulver
1 Ei
300 ml Wasser, kalt

2 l Frittierfett

1 Die Scampi unter fließendem Wasser waschen und trockentupfen, gut mit Salz und Pfeffer würzen.

2 Mehl und Backpulver in eine Schüssel geben. Das Ei zugeben und Wasser zugießen. Alles mit dem Handrührgerät zu einem glatten Teig verarbeiten.

3 In einem hohen Topf Frittierfett heiß werden lassen. Die Scampi portionsweise mit der Hand durch den Tempurateig ziehen, sodass sie von allen Seiten mit dem Teig bedeckt sind.

4 Die Scampi portionsweise im heißen Frittierfett goldgelb ausbacken. Nur so viele Scampi ins Frittierfett geben, dass alle an der Oberfläche schwimmen können. Die frittierten Scampi mit einer Schaumkelle aus dem Öl herausheben und auf Küchenkrepp abtropfen lassen. Überschüssiges Öl tropft dabei ab.

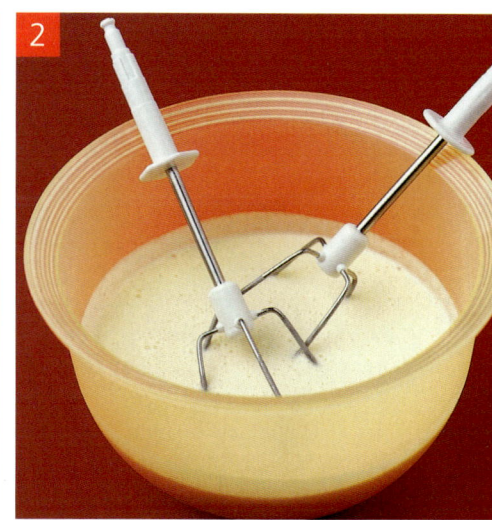

Tipp!

Den Tempurateig können Sie bereits fertig im Asialaden kaufen.

Sie können die Scampi natürlich auch in der Fritteuse ausbacken.

Räucherforellen mit Limettenmarinade

4 Portionen

Zubereitungszeit:	20 Min.

	Von
500 g Forellen-Filets, geräuchert	eventuell noch vorhandene Gräten entfernen und auf einer tiefen Platte auslegen.
1 Limette, unbehandelt	heiß abwaschen, die Schale abreiben und den Saft auspressen. Mit
6 EL Weißwein, trocken	und
1 TL MAGGI Würzmischung 8	verrühren.
4 Frühlingszwiebeln	putzen, waschen und in Ringe schneiden. Mit der Marinade verrühren und über den Forellen-Filets verteilen. Im Kühlschrank mind. $^1/_2$ Std. durchziehen lassen.

Servieren Sie dazu Baguette und Butter.

Zubereitungszeit ohne Marinierzeit.

MAGGI KOCHSTUDIO
Ernährungsinfo:

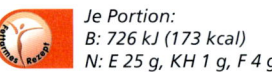

Je Portion:
B: 726 kJ (173 kcal)
N: E 25 g, KH 1 g, F 4 g

Zander-Terrine mit Lachs und Spinat
Foto

6 Portionen

Zubereitungszeit:	60 Min.
	Backofen auf 175 °C vorheizen.
300 g Zanderfilet	waschen, trockentupfen und in kleine Würfel schneiden. Mit
Fondor	und
1 EL Zitronensaft	mischen und 10 Min. kühl stellen. Anschließend
250 ml Sahne, süß	zugießen und pürieren.
3 EL Schnittlauchröllchen	unterrühren und die Farce kühl stellen.
150 g Blattspinat	putzen und waschen. 1/3 der Spinatblätter mit
Wasser, kochend	überbrühen und kalt abschrecken. Auf Küchenkrepp zu einem Quadrat von ca. 20 x 20 cm auslegen und trockentupfen.
100 g Lachs-Filet	waschen, trockentupfen und mit
Kräuter Fondor	würzen. In den Spinat einrollen.
1 Stück Backpapier	von beiden Seiten mit
1 EL THOMY Reines Sonnenblumenöl	einfetten und eine Kastenform damit auslegen. Die Hälfte der Farce einfüllen. Das Lachs-Filet in die Mitte drücken, restliche Farce darauf verteilen und mit Backpapier abdecken. Die Fettpfanne des Backofens mit 1 Liter warmem Wasser füllen, die Kastenform hineinstellen und auf der 2. Schiene von unten 25 Min. garen. Herausnehmen und in der Form auskühlen lassen.
	Für den Salat:
2 Tomaten	brühen, häuten, den Blütenansatz entfernen und in Würfel schneiden.
1 Beutel MAGGI Salat mit Pfiff »Gartenkräuter«	mit
3 EL Wasser	und
3 EL THOMY Reines Sonnenblumenöl	verrühren und mit dem restlichen Spinat und den Tomatenwürfeln mischen. Die Terrine in Scheiben schneiden und mit dem Salat auf Tellern anrichten.
1 Kästchen Kresse	Von die Blättchen mit einer Schere abschneiden und Salat und Terrine damit garniert servieren.

Zubereitungszeit ohne Kühlzeit.

MAGGI KOCHSTUDIO Ernährungsinfo: *Je Portion: B: 1234 kJ (295 kcal) N: E 15 g, KH 3 g, F 23 g*

Heringssalat mit Lauch und Meerrettich

4 Portionen

Zubereitungszeit:	25 Min.
1 Stange Lauch	putzen, waschen und in Ringe schneiden.
1/4 l Wasser	in einem Topf zum Kochen bringen.
1 EL MAGGI Gourmet Bouillon Gemüse	und den Lauch zugeben. Zugedeckt bei geringer Wärmezufuhr ca. 3 Min. garen. In einem Sieb abgießen, mit kaltem Wasser abschrecken und gut abtropfen lassen.
150 g Sahne, sauer	mit
3 EL THOMY Gourmet-Sahne-Meerrettich »mild«	verrühren. Mit
MAGGI Würzmischung 4	würzen und abschmecken.
250 g Bismarckheringsfilet	klein schneiden. Mit dem Lauch in die Sauce geben und gut mischen.

Servieren Sie dazu Vollkornbrot oder Pellkartoffeln.

MAGGI KOCHSTUDIO Ernährungsinfo: *Je Portion: B: 836 kJ (199 kcal) N: E 12 g, KH 3 g, F 14 g*

Exotisches Fisch-Fondue

Foto oben

Zubereitungszeit ist ohne Marinierzeit angegeben.

Servieren Sie dazu Basmatireis und verschiedene Dips.

4 Portionen

Zubereitungszeit:	40 Min.
250 g Lachsfilet	und
250 g Schollenfilet	waschen, trockentupfen und in mundgerechte Stücke schneiden.
250 g Riesengarnelen, roh, geschält	waschen und trockentupfen. Lachs, Scholle und Riesengarnelen in eine flache Schüssel geben.
1 Limette	auspressen und den Saft mit
MAGGI Würzmischung 1	verrühren. Die Marinade über den Fisch geben und zugedeckt im Kühlschrank ca. 20 Min. marinieren. Den Fisch auf einer Platte anrichten.
1 Zucchini	putzen, waschen und in dünne Streifen schneiden.
250 g Möhren	putzen, waschen, schälen und in dünne Streifen schneiden.
150 g Bohnensprossen	waschen. Das Gemüse auf einer Platte anrichten.
2 Stängel Zitronengras	waschen, längs einschneiden und in drei Teile schneiden.
1 Stück (ca. 5 cm) Ingwer	schälen und mehrfach einschneiden. Ingwer und Zitronengras mit Küchengarn zusammenbinden.
1 Dose (400 ml) Kokosmilch	In einem Fonduetopf und
600 ml Wasser	zum Kochen bringen.
2 EL MAGGI Gourmet Bouillon Gemüse	zufügen. Gemüsebündel zugeben und zugedeckt bei geringer Wärmezufuhr ca. 15 Min. garen. Das Gemüsebündel herausnehmen.
1 EL Currypaste, gelb	zufügen. Den Fonduetopf auf das Rechaud stellen und die vorbereiteten Zutaten portionsweise in der Brühe garen. Mit Fonduesieben aus der Brühe nehmen.

MAGGI KOCHSTUDIO Ernährungsinfo:

Je Portion:
B: 1943 kJ (464 kcal)
N: E 40 g, KH 8 g, F 29 g

Edelfischragout in Zitronen-Hollandaise

4 Portionen

Zubereitungszeit:	30 Min.
250 g Zanderfilet	und
250 g Rotbarschfilet	waschen, trockentupfen und in Würfel schneiden.
4 große Riesengarnelen, roh, ungeschält	aus der Schale lösen, längs halbieren, waschen und dabei den Darm entfernen. Fischwürfel und Riesengarnelen mit
Fondor	und
2 EL Zitronensaft	marinieren.
2 Packungen THOMY Les Sauces Zitronen-Hollandaise	in einem Topf heiß werden lassen. Die marinierten Fischwürfel in die Sauce geben, einmal aufkochen und ca. 7 Min. bei geringer Wärmezufuhr gar ziehen lassen.
1 Stängel Zitronenmelisse	waschen, trockentupfen, Blättchen von den Stielen zupfen und klein schneiden. Kurz vor dem Servieren in die Sauce geben.

Servieren Sie dazu Basmatireis.

MAGGI KOCHSTUDIO Ernährungsinfo:

Je Portion:
B: 1684 kJ (402 kcal)
N: E 38 g, KH 7 g, F 24 g

Pochierter Schellfisch
Foto unten

4 Portionen

Zubereitungszeit:	50 Min.
1 Möhre	und
1 Petersilienwurzel	putzen, waschen, schälen und in Scheiben schneiden.
1 Stange Lauch	putzen, waschen und in Ringe schneiden.
1 Zwiebel	schälen und in Ringe schneiden.
3 l Wasser	in einem Topf zum Kochen bringen. Das vorbereitete Gemüse und
2 EL Fondor	
1 Lorbeerblatt	
2 Wacholderbeeren	und
15 Pfefferkörner, weiß	zufügen.
2 Zweige Thymian	waschen und zugeben. Zum Kochen bringen und ca. 15 Min. garen.
800 g Schellfisch	waschen, in die Brühe geben und ca. 20 Min. gar ziehen lassen. Herausnehmen, portionieren und anrichten.

Servieren Sie dazu Salzkartoffeln und MAGGI Zubereitung für Sauce Hollandaise.

Tipp: Der Fisch ist gar, wenn sich eine Gräte aus dem Rücken lösen lässt.

MAGGI KOCHSTUDIO
Ernährungsinfo:

Je Portion:
B: 807 kJ (193 kcal)
N: E 39 g, KH 4 g, F 1 g

Gebackener Seeteufel auf Gemüse und Oliven

Foto oben

4 Portionen

Zubereitungszeit:	45 Min.
	Backofen auf 220 °C vorheizen.
1 Zitrone	längs halbieren. Von der einen Hälfte den Saft auspressen, die andere Hälfte in Spalten schneiden und zur Dekoration zurückbehalten.
800 g Seeteufel (küchenfertig – am Stück)	waschen, trockentupfen und mit dem Zitronensaft beträufeln. Mit würzen.
MAGGI Würzmischung 7	
300 g Kartoffeln, neu (ca. 8 kleine)	waschen, schälen und längs halbieren.
5 Frühlingszwiebeln	putzen, waschen und mit dem Grün in ca. 5 cm lange Stücke schneiden.
400 g Strauchtomaten, klein	waschen, den Blütenansatz entfernen und evtl. halbieren. Kleinere können auch ganz verwendet werden.
4 Knoblauchzehen	schälen.
6 EL Olivenöl	In einem länglichen Bräter heiß werden lassen. Den Seeteufel darin von beiden Seiten ca. 5 Min. anbraten. Anschließend aus dem Bräter nehmen.
	Das vorbereitete Gemüse zusammen mit den Knoblauchzehen in dem Bratöl kurz andünsten und mit
MAGGI Würzmischung 7	würzen.
100 ml Wasser	mit
2 EL Olivenöl	und
2 TL MAGGI Bouillon Mediterranea	verrühren und dazugießen. Den Seeteufel auf das Gemüse setzen.
80 g Oliven, schwarz (entsteint)	auf dem Gemüse verteilen.
3 Zweige Rosmarin	waschen. Einen davon zur Dekoration zurückbehalten. Die restlichen Rosmarinzweige zusammen mit den Zitronenspalten auf dem Fisch und dem Gemüse verteilen.
	Im Backofen ca. 25 Min backen.

½ Bund Petersilie, glatt	waschen und klein schneiden. Den Fisch und das Gemüse kurz vor dem Servieren damit bestreuen und mit dem Rosmarinzweig garniert servieren.

Tipp: Anstatt Seeteufel können Sie auch andere festfleischige Fischsorten verwenden.

MAGGI KOCHSTUDIO
Ernährungsinfo:

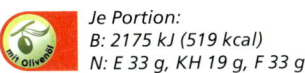

Je Portion:
B: 2175 kJ (519 kcal)
N: E 33 g, KH 19 g, F 33 g

Red Snapper in Kokossoße mit Zuckerschoten
Foto unten

4 Portionen

Zubereitungszeit:	45 Min.
4 Red-Snapper-Filets	waschen, trockentupfen, evtl. halbieren und mit
2 EL MAGGI Würzmischung 4	würzen.
500 g Tomaten	brühen, häuten, Kerne entfernen und das Fruchtfleisch in Würfel schneiden.
1 Knoblauchzehe	schälen und durchpressen.
1 Chilischote, rot, klein	waschen, Kerne und weiße Innenhäute entfernen und in kleine Würfel schneiden.
1 Zwiebel	schälen und in kleine Würfel schneiden.
1 Stück (ca. 5 cm) Ingwer, frisch	schälen und durchpressen. In einer Pfanne
2 EL THOMY Reines Sonnenblumenöl	heiß werden lassen, Zwiebel, Knoblauch, Chilischote und Ingwer zugeben und ca. 4 Min. anbraten. Tomaten zugeben und ca. 3 Min. andünsten.
1 Dose (400 ml) Kokosmilch	und
100 ml Wasser	dazugießen.
1 TL Garam Marsala	zufügen und mit
2 EL MAGGI Gourmet Bouillon Gemüse	würzen und abschmecken.
2 Kaffir-Limettenblätter, frisch oder getrocknet	dazugeben und die Kokossoße zum Kochen bringen. Fischfilet zugeben und bei mittlerer Wärmezufuhr zugedeckt 6 Min. gar ziehen lassen.
250 g Zuckerschoten	putzen und waschen. In einem Topf
1 l Wasser	mit
½ TL Salz	zum Kochen bringen. Zuckerschoten zugeben, 5 Min. garen, anschließend abschrecken. Mit dem Fisch und der Soße auf Tellern anrichten. Mit
Basilikum, frisch	garniert servieren.

Servieren Sie dazu Basmatireis.

Tipp: Statt Red Snapper können Sie auch Rotbarsch verwenden.

MAGGI KOCHSTUDIO
Ernährungsinfo:

Je Portion:
B: 3002 kJ (717 kcal)
N: E 87 g, KH 13 g, F 34 g

Forellen mit Mandeln

4 Portionen

Zubereitungszeit:	35 Min.

	Backofen auf 200 °C vorheizen.
4 Forellen, küchenfertig	waschen und mit
MAGGI Würzmischung 4	innen und außen würzen. In
50 g Mehl	wälzen.
	In einer Pfanne
4 EL THOMY	
Reines Sonnenblumenöl	heiß werden lassen. Forellen von beiden Seiten ca. 5 Min. braten. Herausnehmen und in eine Auflaufform legen.
100 g Schinkenspeck	in kleine Würfel schneiden und im Bratfett auslassen.
1 Knoblauchzehe	schälen, durchpressen und zufügen.
1 Bund Petersilie	waschen, trockenschütteln und klein schneiden. Mit
4 EL Mandelstiften	zum Speck geben, kurz rösten. Mit
1 EL Sherry	ablöschen. Die Mischung gleichmäßig über die Forellen verteilen. Im Backofen 10 Min. überbacken.

Servieren Sie dazu Bratkartoffeln oder MAGGI Kartoffel-Püree.

MAGGI KOCHSTUDIO Ernährungsinfo:	*Je Portion: B: 3280 kJ (783 kcal) N: E 81 g, KH 11 g, F 44 g*

Gebratene Rotbarschfilets
Foto oben

4 Portionen

Zubereitungszeit:	20 Min.

4 (à 150 g) Rotbarschfilets	waschen, trockentupfen und mit
Fondor	würzen. Mit
2 EL Mehl	bestäuben.
1 Ei	mit
1 Beutel MAGGI	
Salat mit Pfiff »Dill-Petersilie«	verquirlen. Die Rotbarschfilets durch die Eimasse ziehen und mit
8 EL Semmelbrösel	panieren. In einer Pfanne
2 EL THOMY	
Reines Sonnenblumenöl	heiß werden lassen. Die Rotbarschfilets von jeder Seite ca. 5 Min. braten.
1 Zitrone	in Scheiben schneiden. Die Rotbarschfilets auf Tellern anrichten und mit den Zitronenscheiben garniert servieren.

Servieren Sie dazu THOMY Gourmet Remoulade und MAGGI Kartoffel-Püree.

MAGGI KOCHSTUDIO Ernährungsinfo:	*Je Portion: B: 1429 kJ (341 kcal) N: E 32 g, KH 21 g, F 13 g*

Bohnen mit Lachs und feiner Zitronensauce

Foto unten

4 Portionen

Zubereitungszeit:	35 Min.
800 g Bohnen, grün	putzen, waschen und in Stücke schneiden.
2 Stängel Bohnenkraut	waschen.
½ l Wasser	in einem Topf zum Kochen bringen.
1 EL MAGGI Gourmet Bouillon Gemüse	zugeben. Bohnen und Bohnenkraut zugeben. Zugedeckt ca. 15 Min. garen. Abtropfen lassen, dabei die Garflüssigkeit auffangen. Bohnenkraut entfernen.
500 g Lachsfilets MAGGI Würzmischung 4 20 g Butter	waschen und trockentupfen. Mit würzen. In einer Pfanne heiß werden lassen. Die Lachsfilets darin von beiden Seiten ca. 4 Min. bei geringer Wärmezufuhr braten. ¼ l der aufgefangenen Garflüssigkeit abmessen und in einen Topf gießen.
1 Beutel MAGGI Meisterklasse Butter-Sauce mit feiner Zitronen-Note	mit dem Schneebesen einrühren, zum Kochen bringen. 1 Min. kochen, dabei gelegentlich umrühren.
20 g Butter	unterrühren und heiß werden lassen. Bohnen, Lachs und Zitronensauce zusammen auf Tellern anrichten.

MAGGI KOCHSTUDIO
Ernährungsinfo:

Je Portion:
B: 1853 kJ (442 kcal)
N: E 30 g, KH 11 g, F 30 g

Steinbutt-Kumquat-Päckchen

4 Portionen

Zubereitungszeit:	45 Min.
	Backofen auf 190 °C vorheizen.
4 (à 100 g) Steinbuttfilets	waschen, trockentupfen und mit
Fondor	von beiden Seiten würzen.
Pergamentpapier	in 20 x 20 cm große Stücke schneiden und in der Mitte mit
4 TL THOMY Reines Sonnenblumenöl	bestreichen. Die Filets auf das Pergamentpapier legen und mit
4 TL THOMY Reines Sonnenblumenöl	beträufeln.
4 Kumquats	waschen und in dünne Scheiben schneiden.
1 Peperoni, grün	waschen, Kerne und weiße Innenhäute entfernen und in dünne Scheiben schneiden. Die Kumquatscheiben und die Peperoni auf den Filets verteilen. Die Päckchen wie Bonbons »verpacken« und im Backofen ca. 20 Min. backen.

Servieren Sie dazu Safran-Reis.

MAGGI KOCHSTUDIO
Ernährungsinfo:

Je Portion:
B: 649 kJ (155 kcal)
N: E 16 g, KH 0 g, F 9 g

Schellfisch aus der Folie

6 Portionen

Zubereitungszeit:	55 Min.
1 Möhre	putzen, waschen, schälen und in Scheiben schneiden.
1 Stange Lauch	putzen, waschen und in Ringe schneiden.
2 Schalotten	schälen und in Viertel schneiden.
1,2 kg Schellfisch	waschen und trockentupfen. Mit
Kräuter Fondor	und
Pfeffer, frisch gemahlen	innen und außen würzen. Von einem
Bratschlauch	ein Stück in der doppelten Länge des Fisches abschneiden. Lauch, Möhre und Schalotten darin verteilen und mit
Kräuter Fondor	würzen.
40 g Butter	in Flöckchen darauf verteilen. Den Fisch darauf legen.
3 Zweige Thymian	waschen und auf den Fisch legen. Den Folienschlauch schließen und oben mehrmals mit einer Nadel einstechen. Das Paket auf den kalten Grillrost legen und auf mittlerer Schiene in den Backofen schieben. Der Bratschlauch darf die Wände des Backofens nicht berühren. Backofen auf 200 °C aufheizen und ca. 40 Min. garen.

Servieren Sie dazu Pellkartoffeln und Senfbutter.

MAGGI KOCHSTUDIO
Ernährungsinfo:

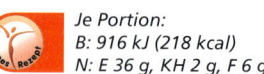

Je Portion:
B: 916 kJ (218 kcal)
N: E 36 g, KH 2 g, F 6 g

Garnelen-Gnocchi-Gratin
Foto

2 Portionen

Zubereitungszeit:	45 Min.
	Backofen auf 200 °C vorheizen.
250 g Riesengarnelen	auftauen lassen.
1 Zucchini, klein	putzen, waschen, längs halbieren und in Scheiben schneiden.
1 Packung (400 g) BUITONI Fresco Gnocchi di patate	in eine Auflaufform geben. Garnelen und Zucchinischeiben darauf verteilen. In einem Topf
250 ml Sahne, süß	und
150 ml Wasser	erwärmen.
1 Beutel MAGGI Fix für Seelachs in Kräuter-Sahne	einrühren und zum Kochen bringen. Soße über die Gnocchi, Garnelen und Zucchini geben und im Backofen ca. 30 Minuten backen.

MAGGI KOCHSTUDIO
Ernährungsinfo:

Je Portion:
B: 3843 kJ (918 kcal)
N: E 30 g, KH 122 g, F 54 g

Frühlingsgemüse-Schollen-Tempura
Foto oben

4 Portionen

Zubereitungszeit:	50 Min.
	Für den Tempurateig:
100 g Mehl	mit
50 g Stärke	
1 Eigelb	und
200 ml Wasser, kalt	verrühren. Mit
MAGGI Würzmischung 4	würzen und 10 Min. ruhen lassen.
400 g Spargel, weiß	
1 Bund Möhren, jung	
1 Kohlrabi	und
1 Bund Frühlingszwiebeln	putzen und waschen. Spargel, Möhren und Kohlrabi schälen. Spargel, Möhren und Frühlingszwiebeln in 4 – 5 cm lange Stücke schneiden. Kohlrabi in 1 cm dicke Scheiben und anschließend in Stifte schneiden.
	In einem Topf
Wasser	mit
Fondor	zum Kochen bringen. Das Gemüse darin nacheinander jeweils ca. 3 – 5 Min. bissfest garen. Anschließend mit kaltem Wasser abschrecken und gut abtropfen lassen.
400 g Schollen-Filet	waschen, trockentupfen und in 1 cm breite Streifen schneiden. Mit
MAGGI Würzmischung 4	würzen.
1 Beutel MAGGI Meisterklasse Zubereitung für Sauce Hollandaise	mit dem Schneebesen in
125 ml Wasser, kalt	einrühren. Unter Rühren zum Kochen bringen.
125 g Butter	in Stücke schneiden und bei geringer Wärmezufuhr gut unterschlagen, bis sie geschmolzen ist. Topf sofort von der Kochstelle nehmen. Mit
2 EL THOMY Meerrettich	würzen und abschmecken.

Frittierfett	In einem großen Topf heiß werden lassen. Das Gemüse und die Fischstreifen portionsweise in dem Tempurateig wenden und im heißen Fett 3 – 4 Min. knusprig frittieren. Auf Küchenpapier abtropfen lassen. Zusammen mit der Meerrettich-Hollandaise anrichten.

MAGGI KOCHSTUDIO
Ernährungsinfo:

Je Portion:
B: 2543 kJ (607 kcal)
N: E 27 g, KH 41 g, F 35 g

Catfish-Filet Mississippi
Foto unten

4 Portionen

Zubereitungszeit:	60 Min.

	Für die Marinade:
2 Knoblauchzehen	schälen und durchpressen.
1 Chilischote	waschen, Kerne und weiße Innenhäute entfernen und in sehr dünne Scheiben schneiden. Beides mit
3 EL Limettensaft	
4 EL Olivenöl	und
1 EL MAGGI Würzmischung 1	verrühren.
4 (à 180 g) Catfish-Filets	waschen, trockentupfen und 30 Min. in der Marinade ziehen lassen.
1 Frühlingszwiebel	putzen, waschen und in dünne Ringe schneiden. Fisch-Filets in
4 EL Mehl	wenden. In einer Pfanne
2 EL THOMY Reines Sonnenblumenöl	und
20 g Butter	heiß werden lassen und die Filets von jeder Seite ca. 4 Min. braten, herausnehmen, auf einer Platte anrichten und mit Frühlingszwiebeln bestreut servieren.

Tipp: Servieren Sie dazu Mango-Chutney und Baguette.

MAGGI KOCHSTUDIO
Ernährungsinfo:

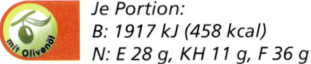

Je Portion:
B: 1917 kJ (458 kcal)
N: E 28 g, KH 11 g, F 36 g

Calamaris frita mit Aioli

4 Portionen

Zubereitungszeit:	50 Min.

	Backofen auf 100 °C vorheizen.
1 kg Tintenfische	unter fließendem kaltem Wasser abspülen. Kopf und Beine und das spitze Kalkblatt vorsichtig aus dem Mantel herausziehen. Den Mantel trockentupfen, in Ringe schneiden und mit
1 TL MAGGI Würzmischung 1	würzen.
150 g Mehl	auf einen flachen Teller geben, die Tintenfischringe in dem Mehl wälzen, auf ein Sieb geben, das überflüssige Mehl abschütteln. In einer Pfanne
Frittierfett	heiß werden lassen. Tintenfische portionsweise hineingeben und ca. 5 Min. frittieren. Mit einem Schaumlöffel herausheben und auf ein mit Küchenkrepp ausgelegtes Backblech legen und im Backofen warm halten. Auf einer vorgewärmten Platte anrichten.
1 Zitrone	in Spalten oder Scheiben schneiden und dazulegen.
	Für die Aioli:
2 Knoblauchzehen	schälen und durchpressen.
6 EL THOMY Delikatess-Mayonnaise	mit
4 EL Crème fraîche	und dem Knoblauch verrühren. Mit
1 TL MAGGI Würzmischung 1	würzen und abschmecken. Zu den Calamaris frita servieren.

Servieren Sie dazu Baguette.

MAGGI KOCHSTUDIO
Ernährungsinfo:

Je Portion:
B: 2654 kJ (634 kcal)
N: E 44 g, KH 28 g, F 38 g

Geflügel

Was Sie wissen sollten!

 Nährwert:

Geflügel ist reich an Eiweiß, sein Fettgehalt variiert je nach Geflügelart. Ente und Gans zum Beispiel enthalten viel Fett, Huhn und Truthahn sind eher fettarm. Am magersten ist Putenfleisch.

Einkauf:

Achten Sie beim Einkauf auf das Mindesthaltbarkeitsdatum und darauf, dass das Geflügel prall und fleischig aussieht. Die Haut sollte glatt, elastisch und feucht sein und keine verletzten Stellen aufweisen.

Werfen Sie auch einen Blick auf die Verpackung. Sie sollte ebenfalls unbeschädigt sein, und bei tiefgekühltem Geflügel ist es wichtig, dass sie keine gefrorene Flüssigkeit enthält. Denn dann war das Geflügel wahrscheinlich bereits aufgetaut oder die Kühlkette wurde unterbrochen.

Aufbewahrung und Lagerung:

Aus hygienischen Gründen ist es wichtig, das Geflügel nach dem Einkauf schnell wieder zu kühlen.

Entfernen Sie die Verpackung, geben Sie das Geflügel in ein Schüssel oder auf einen Teller und decken Sie es mit Frischhaltefolie ab.

Stellen Sie Geflügel unten in den Kühlschrank, dort ist es am kältesten, aber nicht neben stark riechende Lebensmittel. Geflügel nimmt sehr schnell fremde Gerüche an.

Im Kühlschrank können Sie frisches Geflügel maximal 3 Tage aufbewahren, tiefgefroren hält es sich bis zu 6 Monate.

Vorbereitung:

Rohes Geflügel kann Salmonellen enthalten und zu schweren Lebensmittelvergiftungen führen. Deshalb sollten Sie alle Küchenutensilien (Schneidbretter, Messer usw.), die mit frischem Geflügel in Berührung kommen, sofort mit heißem Wasser und Spülmittel reinigen. Waschen Sie auch Ihre Hände mit heißem Wasser, bevor Sie andere Lebensmittel anfassen.

Das Geflügel selbst wird vor der Zubereitung innen und außen unter fließend kaltem Wasser abgespült und mit Küchenpapier trockengetupft.

Entfernen Sie bei tiefgefrorenem Geflügel immer die Verpackung, bevor Sie es auftauen, und geben Sie es in eine Schüssel mit Siebeinsatz, damit die Auftauflüssigkeit abtropfen kann. Tauen Sie Geflügel am besten über Nacht im Kühlschrank auf und gießen Sie das Auftauwasser weg.

Zubereitung:

Verzehren Sie Geflügel auf keinen Fall roh, sondern nur gut durchgegart. Es gibt zwar Richtwerte für die Garzeiten von Geflügel, aber besser ist es, eine Garprobe zu machen: Stechen Sie leicht mit einer Gabel in das Fleisch; wenn der austretende Saft klar ist, ist das Geflügel gar.

Das Geflügel bleibt saftig, wenn Sie es während des Garens immer wieder übergießen, z. B. mit Brühe oder Bratflüssigkeit. Lassen Sie das Geflügel ca. 10 Minuten ruhen, bevor Sie es aufschneiden, damit sich der Fleischsaft verteilt und nicht ausläuft.

Poularde mit Semmelfüllung

Zutaten für 6 Portionen:
Für die Füllung:
6 Brötchen vom Vortag
¼ l Milch
1 Zwiebel
1 EL THOMY Reines Sonnenblumenöl
¼ Bund Petersilie
2 Eier
1 EL Mehl
½ TL Backpulver
1 TL Salz

Für die Poularde:
1 Poularde
Salz und Pfeffer aus der Mühle

1 Den Backofen auf 160 °C vorheizen. Brötchen in kleine Stücke schneiden und in eine Schüssel geben. In einem Topf Milch heiß werden lassen. Die Milch über die Brötchen gießen und ca. 20 Min. einweichen. Zwiebel schälen und fein würfeln. In einem Topf THOMY Reines Sonnenblumenöl heiß werden lassen und die Zwiebelwürfel darin andünsten. Petersilie waschen, trockentupfen und die Blättchen von den Stielen zupfen. Eier, Mehl, Backpulver, Zwiebelwürfel, Petersilienblättchen und Salz zur Brötchenmasse geben und mit dem Knethaken des Handrührgerätes zu einem Teig verarbeiten.

2 Poularde waschen, trockentupfen, auf ein Schneidbrett legen und mit dem Semmelknödelteig füllen.

3 Die Poularde mit einer Stopfnadel und Küchengarn zunähen. Von allen Seiten mit Salz und Pfeffer einreiben. Die Poularde in Form bringen, d. h. die Flügel und Keulen mit Küchengarn auf dem Rücken zusammenbinden.

4 Die Poularde in einen Bräter legen und im Backofen auf der mittleren Schiene ca. 90 Min. braten.

5 Beim Braten tritt Geflügelsaft aus. Diesen Saft während des Garvorgangs immer wieder mit einem Löffel über die Poularde schöpfen. Das Geflügel ist gar, wenn beim Einstechen mit einer Gabel heller Fleischsaft austritt.

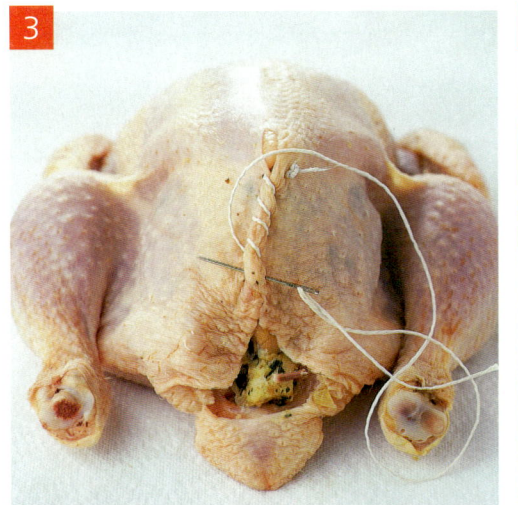

Backofen / Ente

Zutaten für 4 Portionen:
1 Ente (ca. 1¹/₂ kg)
Salz und Pfeffer aus der Mühle

1 Den Backofen auf 160 °C vorheizen. Die
Ente waschen und mit Küchenpapier trocken-
tupfen. Von allen Seiten gut mit Salz und
Pfeffer würzen.

2 Die Ente in Form bringen, d. h. die Flügel
und die Keulen mit Küchengarn auf den Rücken binden. Die Ente in einen Bräter legen
und im Backofen ca. 3 Std. knusprig braten.

3 Beim Garen verliert die Ente Fett. Dieses
Fett während des Garvorgangs immer wieder
mit einem Löffel über die Ente gießen.

4 Die Ente ist gar, wenn beim Einstechen
mit einem Messer klarer Saft austritt. Die
Ente auf eine Platte legen und servieren.

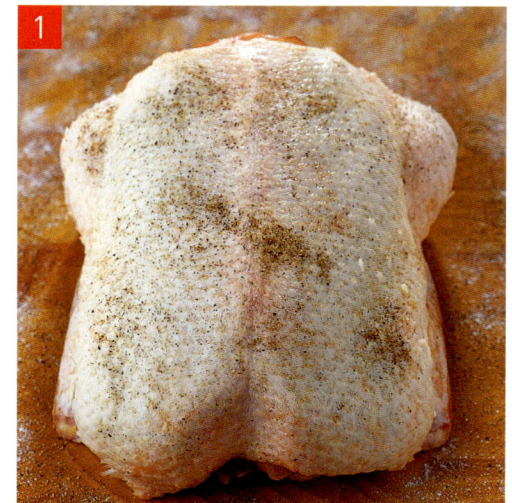

Braten / Hähnchenschenkel

Zutaten für 4 Portionen:
4 Hähnchenschenkel
Salz und Pfeffer aus der Mühle
Paprika, edelsüß
2 EL THOMY Reines Sonnenblumenöl

1 Die Hähnchenschenkel waschen, mit Küchenpapier trockentupfen und von allen Seiten mit Salz, Pfeffer und Paprika würzen.

2 In einer Pfanne THOMY Reines Sonnenblumenöl heiß werden lassen. Die Hähnchenschenkel bei mittlerer Wärmezufuhr ca. 20 Min. braten, nach der Hälfte der Garzeit wenden und nach dem Braten sofort servieren.

Tipp!

Die Hähnchenschenkel schmecken auch kalt sehr gut!

Wok / Hähnchenbruststreifen

Zutaten für 4 Portionen:
4 Hähnchenbrustfilets
1 EL THOMY Reines Sonnenblumenöl
3 EL Sojasauce
Pfeffer aus der Mühle

1 Die Hähnchenbrustfilets waschen, mit Küchenpapier trockentupfen und in 1 cm breite Streifen schneiden.

2 In einem Wok THOMY Reines Sonnen-blumenöl heiß werden lassen und die Häh-chenbruststreifen darin ca. 5 Min. kräftig anbraten. Dabei ständig rühren.

3 Die Hähnchenbruststreifen mit Sojasauce und Pfeffer würzen.

Tipp!

Wenn Sie keine Sojasauce vorrätig haben, mischen Sie MAGGI Würze und Sherry im Verhältnis 7:3.

Schmoren / Coq au vin

Zutaten für 6 Portionen:
1,5 kg Hähnchenteile
(z. B. Hähnchenbrust und Hähnchenkeulen)
Salz und Pfeffer aus der Mühle
100 g Mehl
2 Schalotten
150 g kleine Champignons
1 Zweig Estragon
125 g Bacon (Frühstücksspeck)
2 EL THOMY Reines Sonnenblumenöl
3 EL Weinbrand
½ l Rotwein
½ l Wasser
1 TL MAGGI Klare Hühner-Bouillon
1 Knoblauchzehe
1 Bouquet garni (s. Seite 38)
20 g kalte Butter

1 Die Hähnchenteile waschen, mit Küchenpapier trockentupfen und von allen Seiten mit Salz und Pfeffer würzen und in Mehl wenden.

2 Schalotten schälen und in Würfel schneiden, Champignons putzen und vierteln. Estragon waschen und trockentupfen. Bacon in kleine Würfel schneiden.

3 In einem Bräter THOMY Reines Sonnenblumenöl heiß werden lassen und die Hähnchenteile von allen Seiten kräftig darin anbraten. Schalotten, Bacon und Champignons nacheinander zugeben und anbraten.

4 Weinbrand, Rotwein und Wasser zugießen und MAGGI Klare Hühner-Bouillon zufügen. Aufkochen lassen. Knoblauchzehe schälen und mit Bouquet garni und Estragon zufügen. Bei mittlerer Wärmezufuhr ca. 1 Std. schmoren.

5 Geflügel aus dem Bräter nehmen, auf einer Platte anrichten und im Backofen (bei 100 °C) warm stellen. Die Sauce aus dem Bräter durch ein Sieb in einen Topf gießen, nochmals aufkochen und mit Salz und Pfeffer würzen und abschmecken. Butter in kleine Würfel schneiden und zum Binden unter die Sauce rühren.

Gefüllte Hähnchen-brust in Möhrensauce

4 Portionen

Zubereitungszeit:	50 Min.
2 Packungen (à 300 g) Broccoli, tiefgefroren	auftauen lassen.
500 g Hähnchenbrustfilets	waschen, trockentupfen und eine Tasche einschneiden.
4 Scheiben Gouda, 30 % Fett i. Tr. MAGGI Würzmischung 3	zusammenklappen, in die Tasche stecken und mit einem Holzspieß feststecken. Die Hähnchenbrustfilets mit würzen.
2 EL THOMY Reines Sonnenblumenöl	In einer beschichteten Pfanne heiß werden lassen und die Hähnchenbrustfilets darin von beiden Seiten kräftig anbraten.
4 Möhren, klein	putzen, waschen, schälen und fein raspeln, kurz mitdünsten.
½ l Wasser	zugießen, zum Kochen bringen und
4 TL MAGGI Klare Hühner-Bouillon	darin auflösen. Bei geringer Wärmezufuhr ca. 20 Min. garen.
4 TL Crème fraîche	Die Sauce mit binden.
⅛ l Wasser 2 TL MAGGI Klare Gemüsebrühe	In einem Topf zum Kochen bringen. darin auflösen und Broccoli bei geringer Wärmezufuhr zugedeckt ca. 10 Min. dünsten.
	Hähnchenbrust mit Möhrensauce und Broccoli zusammen anrichten.

MAGGI KOCHSTUDIO
Ernährungsinfo:

Je Portion:
B: 1525 kJ (364 kcal)
N: E 44 g, KH 12 g, F 15 g

Gans Elsässer Art

Foto oben

8 Portionen

Zubereitungszeit:	170 Min.
	Backofen auf 225 °C vorheizen.
1 (ca. 3 kg) Frühmastgans, bratfertig	auftauen lassen, waschen, trockentupfen.
6 Brötchen, altbacken	in Würfel schneiden.
¹/₂ l Milch	heiß werden lassen und über die Brötchenwürfel gießen, ca. 15 Min. ziehen lassen.
1 Ei	und
1 Beutel MAGGI Fix für Hackbraten	zufügen, gut mischen.
200 g Weintrauben	waschen, halbieren, evtl. entkernen und unter die Masse geben. In die Gans füllen und zustecken. Mit
Salz	einreiben, in einen Bräter legen und im Backofen ca. 15 Min. braten.
¹/₄ l Wasser, heiß	darüber gießen, abdecken und bei 200 °C ca. 1¹/₂ Std. im Backofen schmoren. Dann die Gans ohne Deckel ca. 30 Min. unter öfterem Begießen mit
¹/₂ l Salzwasser	braun werden lassen. Gans herausnehmen, kurz ruhen lassen und tranchieren. Füllung in Scheiben schneiden. Bratenfond evtl. entfetten. ³/₈ l abmessen,
¹/₈ l Weißwein, trocken	zugießen und zum Kochen bringen.
1 Doppelpackung MAGGI Delikatess Soße zu Geflügel	einrühren. Unter Rühren aufkochen und bei geringer Wärmezufuhr 5 Min. kochen lassen. Dabei gelegentlich umrühren. Mit
1 TL Majoran	würzen und abschmecken.
1 Zwiebel	schälen, in Würfel schneiden.
	In einem Topf
2 EL Gänsefett	heiß werden lassen und die Zwiebel darin glasig braten.
750 g Sauerkraut	zufügen,
¹/₈ l Weißwein, trocken	zugießen und 20 Min. dünsten.
100 g Weintrauben	waschen, halbieren, entkernen, zugeben und mit
1 Prise Zucker	würzen und abschmecken. Gans mit Füllung auf Tellern anrichten.

Servieren Sie dazu
BUITONI Gnocchi di Patate.

MAGGI KOCHSTUDIO
Ernährungsinfo:

Je Portion:
B: 6779 kJ (1620 kcal)
N: E 68 g, KH 40 g, F 125 g

Gefüllte Babypute mit Frühlingszwiebeln

Foto unten

6 Portionen

Zubereitungszeit:	170 Min.

Backofen auf 200 °C vorheizen.

1 Babypute, tiefgefroren und bratfertig	auftauen lassen, waschen, trockentupfen, innen und außen mit
MAGGI Würzmischung 3	würzen.
2 Bund Frühlingszwiebeln	putzen, waschen und in ca. 5 cm lange Stücke schneiden oder
18 Zwiebeln, klein	schälen und in den Bauch der Pute legen, zustecken. Die Keulen an den Rumpf binden (dressieren). In einen Bräter geben und im Backofen ca. 2½ Std. braten. Pute herausnehmen, warm stellen. Bratflüssigkeit mit
300 ml Wasser	auf ½ l ergänzen.
2 Beutel MAGGI Meisterklasse Zubereitung für Pfeffer-Rahmsauce	einrühren. Unter Rühren aufkochen und bei geringer Wärmezufuhr 1 Min. kochen. Dabei gelegentlich umrühren. Aus der Pute die Zwiebeln herausnehmen, Pute tranchieren und mit dem Gemüse anrichten. Servieren Sie die Pfeffersoße getrennt dazu.

Servieren Sie dazu Rotkohl und Reis.

MAGGI KOCHSTUDIO Ernährungsinfo:	*Je Portion:* *B: 1246 kJ (297 kcal)* *N: E 32 g, KH 15 g, F 11 g*

Cashew-Ente

4 Portionen

Zubereitungszeit:	120 Min.

Backofen auf 200 °C vorheizen.

1 (ca. 1½ kg) Ente	waschen, trockentupfen und mit
MAGGI Würzmischung 3	würzen.
100 g Cashewkerne	grob hacken.
150 g Geflügelleber	waschen, trockentupfen und in Würfel schneiden.
2 Zwiebeln	schälen und in feine Würfel schneiden.
1 Brötchen, altbacken	in
½ l Wasser	einweichen und ausdrücken.
2 Tomaten	brühen, häuten, Blütenansatz entfernen, Fruchtfleisch in Würfel schneiden.

In einer Schüssel

1 TL Curry	
1 EL Kräuter, tiefgefroren	
1 EL Rosinen	
1 EL Honig	und
2 cl Weinbrand	verrühren, Cashewkerne, Geflügelleber, Zwiebeln, Brötchen und Tomaten untermischen, pikant mit
MAGGI Würzmischung 3	abschmecken, die Ente damit füllen und zunähen.
¼ l Wasser	in die Fettpfanne gießen. Die Ente auf den Bratrost legen und darüber einschieben. Ca. 1½ Std. braten, dabei ab und zu mit
Wasser	begießen.

In einer Schüssel

4 EL Wasser	mit
½ TL Salz	verrühren, die Ente damit 10 Min. vor Bratzeitende bestreichen und knusprig braun braten. Ente herausnehmen, kurz ruhen lassen und tranchieren. Den Bratenfond entfetten, in einen Topf gießen und
⅛ l Orangensaft	zugießen. Mit
Wasser	auf ½ Liter Flüssigkeit ergänzen.
2 Beutel MAGGI Meisterklasse Zubereitung für Pfeffer-Rahmsauce	einrühren. Unter Rühren aufkochen und bei geringer Wärmezufuhr 1 Min. kochen. Dabei gelegentlich umrühren. Servieren Sie die Sauce zu der Ente.

Servieren Sie dazu Maggi Klöße oder hausgemachte Kartoffelknödel (s. Seite 76).

MAGGI KOCHSTUDIO Ernährungsinfo:	*Je Portion:* *B: 5082 kJ (1214 kcal)* *N: E 83 g, KH 35 g, F 80 g*

Limetten-Hähnchen auf Basmatireis

3 Portionen

Zubereitungszeit:	30 Min.
	Backofen auf 200 °C vorheizen.
300 g Hähnchenbrustfilets	waschen, trockentupfen und in Würfel schneiden.
125 g Basmatireis	in einer Auflaufform verteilen. Hähnchenbrustwürfel darauf verteilen.
½ Chilischote	waschen, Kerne und weiße Innenhäute entfernen und in Würfel schneiden.
	In einem Topf
1 Beutel MAGGI Fix für Zwiebel-Sahne Hähnchen	
1 Dose (400 ml) Kokosmilch	und
100 ml Wasser	mit
1 TL Curry	verrühren und zum Kochen bringen.
1 Limette	auspressen. Saft und Chiliwürfel zufügen, über dem Reis und den Hähnchenbrustwürfeln verteilen. Im Backofen ca. 35 Min. garen.

MAGGI KOCHSTUDIO Ernährungsinfo:
Je Portion:
B: 2218 kJ (530 kcal)
N: E 30 g, KH 40 g, F 26 g

Chinesische Geflügelpfanne
Foto

3 Portionen

Zubereitungszeit:	45 Min.
50 g Speck, durchwachsen u. geräuchert	in kleine Würfel schneiden. In einem Wok
1 EL THOMY Reines Sonnenblumenöl	heiß werden lassen und den Speck darin anbraten.
300 g Hähnchenbrustfilets	waschen, trockentupfen, in Streifen schneiden, zugeben und mitbraten.
250 g Möhren	putzen, waschen, schälen und in Streifen schneiden.
250 g Chinakohl	putzen, waschen, den Strunk entfernen und in Streifen schneiden.
1 Apfel	waschen, schälen, halbieren, Kerngehäuse entfernen und in Spalten schneiden. Gemüse und Apfel zugeben und mitdünsten.
350 ml Wasser	zugießen.
1 Beutel MAGGI Fix für China-Pfanne »Chop Suey«	einrühren, zum Kochen bringen und 10 Min. kochen.
25 g Cashewkerne	grob hacken und unterrühren.

MAGGI KOCHSTUDIO Ernährungsinfo:
Je Portion:
B: 1599 kJ (382 kcal)
N: E 29 g, KH 19 g, F 20 g

Frikassee vom Hühnchen mit Estragon

3 Portionen

Zubereitungszeit:	30 Min.
1 Stängel Estragon	waschen, trockentupfen. Einige Blätter zur Garnitur zur Seite legen.
450 g Hähnchenbrustfilet	waschen und trockentupfen. In einem Topf
750 ml Wasser	mit
Fondor	zum Kochen bringen. Hähnchenbrust und Estragon zugeben und bei geringer Wärmezufuhr ca. 12 Min. garziehen lassen. Das Fleisch aus der Brühe nehmen und in Scheiben schneiden. Die Garflüssigkeit aufheben.
125 g Cocktailtomaten	waschen und halbieren.
1 Dose (80 g) Thunfisch, naturell	abtropfen lassen und mit 5 EL Garflüssigkeit pürieren.
	125 ml Garflüssigkeit mit
125 ml Sahne, süß	in einem Topf zum Kochen bringen.
1 Beutel MAGGI Fix für Puten-Rahm-Schnitzel	einrühren und aufkochen.
150 g Erbsen, tiefgefroren	zufügen.
1 EL Limettensaft	und den pürierten Thunfisch unter die Sauce rühren. Das Hähnchenfleisch und die Tomaten in die Sauce geben und heiß werden lassen.

Das Frikassee mit Estragonblättchen garniert servieren.

Servieren Sie dazu BUITONI Tagliatelle oder Reis.

MAGGI KOCHSTUDIO Ernährungsinfo:
Je Portion:
B: 1856 kJ (443 kcal)
N: E 44 g, KH 13 g, F 22 g

Hähnchen »Süß-Sauer« mit Cashewkernen
Foto

3 Portionen

Zubereitungszeit:	30 Min.
50 g Cashewkerne	in einer Pfanne ohne Fett rösten, herausnehmen.
2 EL THOMY Reines Sonnenblumenöl	in die Pfanne geben und heiß werden lassen.
300 g Hähnchenbrustfilet	waschen, trockentupfen und in Würfel schneiden. Zugeben und gut anbraten.
1 Paprikaschote, rot	waschen, Kerne und weiße Innenhäute entfernen und in Streifen schneiden, zufügen und kurz mitbraten.
1 Dose (236 ml) LIBBY'S Ananas in Scheiben	abtropfen lassen, in Würfel schneiden und mit
200 g Sojabohnensprossen	zufügen.
300 ml Wasser	zugießen.
1 Beutel MAGGI Fix für Hähnchen süß-sauer	einrühren, zum Kochen bringen und bei geringer Wärmezufuhr ca. 10 Min. kochen, dabei gelegentlich umrühren.

Die Cashewkerne zugeben.

Servieren Sie dazu Basmatireis.

MAGGI KOCHSTUDIO Ernährungsinfo:
Je Portion:
B: 1776 kJ (424 kcal)
N: E 31 g, KH 29 g, F 17 g

Curry-Hähnchen-Ragout

4 Portionen

Zubereitungszeit:	40 Min.
4 Tassen Wasser	mit
2 TL MAGGI	
Klare Hühner-Bouillon	zum Kochen bringen.
2 Tassen Langkornreis	zugeben, aufkochen und zugedeckt bei geringer Wärmezufuhr in 20 Min. ausquellen lassen.
500 g Hähnchenbrustfilet	waschen, trockentupfen und in Stücke schneiden. Mit
1 Prise Curry	würzen.
	In einer Pfanne
2 EL THOMY	
Reines Sonnenblumenöl	heiß werden lassen und das Fleisch darin anbraten.
¼ l Wasser	zugießen.
1 Beutel MAGGI	
Meisterklasse Zubereitung	
für Curry-Rahmsauce	einrühren. Unter Rühren aufkochen und bei geringer Wärmezufuhr kochen. Dabei gelegentlich umrühren.
3 EL Sahne, süß	unterrühren und heiß werden lassen.
2 Bananen	schälen, halbieren, mit
1 TL Zitronensaft	beträufeln, in
4 EL Kokosraspeln	wenden. In einer Pfanne
20 g Butter	heiß werden lassen und die Bananen darin braten.

Das Curry-Hähnchen-Ragout mit Reis und gebratener Banane auf Tellern anrichten.

MAGGI KOCHSTUDIO Ernährungsinfo:
Je Portion:
B: 2520 kJ (602 kcal)
N: E 36 g, KH 63 g, F 22 g

Chicken Wings with Blue Cheese Dip
Foto oben

4 Portionen

Zubereitungszeit:	30 Min.
	Für die Marinade:
2 Knoblauchzehen	schälen und durchpressen.
1 Prise Salz	
2 EL Rum, weiß	
3 EL Soja-Sauce	und
4 EL MAGGI	
Internationale Würzsauce	
Texicana Salsa	zufügen und gut verrühren.
1 Chilischote	waschen, Kerne und weiße Innenhäute entfernen. In kleine Würfel schneiden und zur Marinade geben.
8 Stück (à 60 g) Hähnchenflügel	waschen und trockentupfen. In die Marinade geben und ca. 1 Std. marinieren. Hähnchenflügel herausnehmen und in
8 EL Mehl	wenden.
	In einer beschichteten Pfanne
Frittierfett	heiß werden lassen und die Hähnchenflügel darin schwimmend braten.
	Für den Dip:
80 g Blauschimmelkäse	mit einer Gabel zerdrücken.
1 Becher (150 g) NESTLÉ LC1 Pur	und
2 EL THOMY	
Delikatess-Mayonnaise	zufügen und gut verrühren.

Chicken Wings mit dem Dip auf Tellern anrichten.

Zubereitungszeit ohne Marinierzeit.

MAGGI KOCHSTUDIO Ernährungsinfo:
Je Portion:
B: 2284 kJ (545 kcal)
N: E 30 g, KH 29 g, F 32 g

Hähnchen alla Romana

Foto unten

4 Portionen

Zubereitungszeit:	65 Min.
	Backofen auf 180 °C vorheizen.
1 Hähnchen (ca. 900 g)	in Teile zerlegen, waschen, trockentupfen.
5 EL THOMY	
Reines Sonnenblumenöl	mit
3 TL MAGGI Würzmischung 3	verrühren. Hähnchenteile damit einpinseln und in eine große Auflaufform oder in die Fettpfanne legen. Im Backofen 20 Min. braten.
300 g Tomaten	brühen, häuten, den Blütenansatz entfernen und in Würfel schneiden.
2 Frühlingszwiebeln	putzen, waschen und in Ringe schneiden. Tomatenwürfel und Frühlingszwiebeln mit
1 TL Zitronenschale, abgerieben	
Pfeffer, frisch gemahlen	und
Kräuter Fondor	mischen, zwischen den Hähnchenteilen verteilen und weitere 30 Min. braten. Mit
1 Zweig Rosmarin	und
1 Zweig Thymian	garniert servieren.

Servieren Sie dazu »Geschmorte junge Kartoffeln«.

MAGGI KOCHSTUDIO
Ernährungsinfo:

Je Portion:
B: 1675 kJ (400 kcal)
N: E 30 g, KH 6 g, F 29 g

Südfranzösische Hähnchenpfanne

Foto

4 Portionen

400 g Hähnchenbrustfilets	waschen, trockentupfen und in Würfel schneiden.
2 Zwiebeln	und
2 Knoblauchzehen	schälen und in kleine Würfel schneiden.
2 Paprikaschoten, grün	waschen, Kerne und weiße Innenhäute entfernen und in Würfel schneiden. In einer Pfanne
2 EL THOMY Reines Sonnenblumenöl	heiß werden lassen. Das Fleisch darin 5 Min. braten, aus der Pfanne nehmen.
1 Dose (425 ml) Tomaten, geschält	zugeben.
1 Dose (425 ml) Riesenbohnen, weiß	abtropfen lassen. Riesenbohnen zugeben.
⅛ l Rotwein	zugießen. Zum Kochen bringen und
1 Würfel MAGGI Klare Fleischsuppe	darin auflösen.
10 Oliven, schwarz	zugeben. Mit
1 Prise Pfeffer	und
1 TL Thymian	würzen und abschmecken und mit
2 EL Petersilie, gehackt	garniert servieren.

Servieren Sie dazu Reis.

MAGGI KOCHSTUDIO
Ernährungsinfo:

Je Portion:
B: 1439 kJ (343 kcal)
N: E 38 g, KH 36 g, F 13 g

Arabische Hähnchenschenkel

4 Portionen

Zubereitungszeit:	60 Min.
4 (à 200 g) Hähnchenschenkel	waschen, trockentupfen. In einem Topf
2 EL Olivenöl	heiß werden lassen und die Hähnchenschenkel darin anbraten.
1 Dose (425 ml) Tomaten	abtropfen lassen und zusammen mit
125 g Backpflaumen, entsteint	
50 g Rosinen	
1 Stange Zimt	
2 TL MAGGI Klare Hühner-Bouillon Fondor	
Pfeffer, frisch gemahlen	
1 TL Honig	
1 EL Ingwer, frisch gerieben	und
1 Prise Safran	zugeben.
450 ml Wasser	zugießen und zugedeckt bei mittlerer Wärmezufuhr 45 Min. garen.

Servieren Sie dazu
Couscous oder Reis.

MAGGI KOCHSTUDIO
Ernährungsinfo:

Je Portion:
B: 2472 kJ (590 kcal)
N: E 36 g, KH 33 g, F 34 g

Überbackene Putenschnitzel in Waldpilzrahmsoße

4 Portionen

Zubereitungszeit:	40 Min.

	Backofen auf 200 °C vorheizen.
4 Putenschnitzel (à ca. 150 g)	waschen, trockentupfen und mit
MAGGI Würzmischung 1	würzen und nebeneinander in eine Auflaufform legen.
200 g Champignons	putzen und in Scheiben schneiden und auf den Putenschnitzeln verteilen.
200 ml Sahne, süß	mit
50 ml Wasser	und
1 Beutel MAGGI Meisterklasse Waldpilz-Cremesuppe	verrühren und über die Schnitzel und die Champignons gießen. Im Backofen ca. 30 Min. backen.

Servieren Sie dazu Spätzle und einen gemischten Salat.

Tipp: Statt Putenschnitzel können Sie auch Schweineschnitzel oder Schweinemedaillons verwenden.

MAGGI KOCHSTUDIO Ernährungsinfo:	*Je Portion:* *B: 1657 kJ (396 kcal)* *N: E 40 g, KH 9 g, F 21 g*

Truthahnpastete
Foto oben

8 Portionen

Zubereitungszeit:	70 Min.
	Backofen auf 180 °C vorheizen.
5 Eier	hart kochen, pellen und in kleine Würfel schneiden.
850 g Truthahnbrust	waschen, trockentupfen und in feine Streifen schneiden. Fleisch in eine Schüssel geben.
1 Stück (ca. 5 cm) Ingwer, frisch	schälen und fein reiben. Mit
3 TL MAGGI Würzmischung 2	und
½ TL Limettenschale	unter das Fleisch mengen.
	In einer Pfanne mit hohem Rand
3 EL THOMY Reines Sonnenblumenöl	heiß werden lassen. Das Fleisch darin ca. 5 Min. anbraten.
2 EL Mehl	darüber stäuben.
¼ l Wasser	zugießen.
2 EL MAGGI Gourmet Bouillon Huhn	zufügen. So lange offen kochen, bis die Flüssigkeit fast verdampft ist. Zur Seite stellen und die gewürfelten Eier,
3 EL Petersilie, frisch gehackt	und
1 EL Thymianblättchen	untermischen. Von
1 Packung Filoteig	die Teigblätter kreisförmig aufeinanderlegen und die Ei-Fleischmasse darauf in der Mitte rechteckig auftürmen. Die Pastete soll etwa 18 x 34 cm groß werden. Teigblätter lagenweise über die Pastete schlagen und dabei jeweils mit etwas von
50 g Butter, zerlassen	bepinseln. Oberste Lage ebenfalls mit Butter bestreichen. Restliche Butter in einer flachen Auflaufform verteilen, Pastete darauf geben und im Backofen ca. 35 Min. goldbraun backen.

Pastete herausnehmen, in Scheiben schneiden und auf Tellern anrichten.

Servieren Sie dazu MAGGI Internationale Würzsauce Asia.

Tipp: Die Pastete schmeckt auch kalt sehr gut. Anstelle des Filoteiges können Sie auch Blätterteig verwenden.

MAGGI KOCHSTUDIO Ernährungsinfo:	*Je Portion:* *B: 1821 kJ (435 kcal)* *N: E 35 g, KH 37 g, F 15 g*

Champignon-Sahne-Hähnchen mit Preiselbeerfüllung
Foto unten

3 Portionen

Zubereitungszeit:	20 Min.
	Backofen auf 200 °C vorheizen.
200 g Champignons	putzen, in Scheiben schneiden und in eine Auflaufform geben.
3 Hähnchenbrustfilets	waschen, trockentupfen und mit einem Messer längs eine Tasche einschneiden.
50 g Gouda, gerieben (45 % Fett i. Tr.)	mit
3 EL Preiselbeeren	verrühren. Die Hähnchenbrustfilets damit füllen und auf die Champignons legen.
1 Beutel MAGGI Fix für Champignon-Sahne Hähnchen	mit
1 Becher (250 ml) Sahne, süß	verrühren, über die Hähnchenbrustfilets gießen. Mit
1 EL Mandelblättchen	bestreuen und im Backofen ca. 30 Min. backen.

Servieren Sie dazu Reis und einen gemischten Salat.

MAGGI KOCHSTUDIO Ernährungsinfo:
Je Portion:
B: 2409 kJ (575 kcal)
N: E 44 g, KH 18 g, F 35 g

Putengratin

3 Portionen

Zubereitungszeit:	30 Min.
	Backofen auf 200 °C vorheizen.
400 g Putenbrust	waschen, trockentupfen, in dünne Scheiben schneiden und in eine flache Auflaufform legen.
1 Dose (425 ml) LIBBY'S Pfirsiche, halbe Frucht	abtropfen lassen. Die Früchte über dem Fleisch verteilen. In einem Topf
50 ml Wasser	und
200 ml Sahne, süß	erwärmen.
1 Beutel MAGGI Meisterklasse Zubereitung für Curry-Rahmsauce	einrühren, zum Kochen bringen und über das Fleisch geben. Mit
30 g Mandelblättchen	bestreuen. Im Backofen ca. 30 Min. backen.

Servieren Sie dazu Reis.

MAGGI KOCHSTUDIO Ernährungsinfo:
Je Portion:
B: 2093 kJ (500 kcal)
N: E 37 g, KH 21 g, F 29 g

Putenrollbraten orientalisch

4 Portionen

	Backofen auf 200 °C vorheizen.
500 g Putenrollbraten	in einem Bräter im Backofen ca. 1 Std. garen.
3 Zwiebeln	schälen und in kleine Würfel schneiden.
200 g Lauch	putzen, waschen und in Ringe schneiden. In einem Topf
20 g Butter/Margarine	heiß werden lassen. Gemüse darin andünsten.
½ l Wasser	zugießen und zum Kochen bringen.
1 Doppelpackung MAGGI Delikatess Currysoße	mit dem Schneebesen einrühren, unter Rühren aufkochen.
50 g Rosinen	und
40 g Mandelstifte	zugeben und alles ca. 10 Min. kochen.
1 Apfel	waschen, schälen, halbieren, Kerngehäuse entfernen und in Spalten schneiden.
1 Banane	schälen und in Scheiben schneiden. Beides zur Soße geben und heiß werden lassen. Den Putenrollbraten in Scheiben schneiden und auf einer vorgewärmten Platte anrichten. Die Soße darüber gießen und servieren.

Servieren Sie dazu Reis.

MAGGI KOCHSTUDIO Ernährungsinfo:
Je Portion:
B: 1654 kJ (395 kcal)
N: E 31 g, KH 28 g, F 17 g

Hähnchenschenkel in Cornflakespanade
Foto

4 Portionen

Zubereitungszeit:	60 Min.
	Backofen auf 200 °C vorheizen.
	In einer Schüssel
2 TL MAGGI Würzmischung 3	mit
4 EL THOMY Reines Sonnenblumenöl	verrühren.
4 Hähnchenschenkel	waschen, trockentupfen und mit der Marinade bestreichen.
80 g Cornflakes	mit den Händen zerbröseln und die Hähnchenschenkel darin wenden. Auf ein Backblech setzen und im Backofen ca. 50 Min. braten.

Servieren Sie dazu Pommes frites.

MAGGI KOCHSTUDIO Ernährungsinfo:
Je Portion:
B: 2364 kJ (565 kcal)
N: E 35 g, KH 16 g, F 39 g

Altbayrische Entenbrust in Portwein

4 Portionen

Zubereitungszeit:	60 Min.
	Backofen auf 140 °C vorheizen.
2 (à 300 g) Entenbrustfilets	waschen, trockentupfen. Die Haut seitlich etwas einschneiden, vorsichtig lösen. Mit
1 TL MAGGI Würzmischung 1	einreiben.
6 Aprikosen, getrocknet	in kleine Würfel schneiden.
½ Apfel	waschen, schälen, Kerne entfernen und in kleine Würfel schneiden.
1 Kartoffel	waschen, schälen und in kleine Würfel schneiden.
	In einer Pfanne
1 TL THOMY Reines Sonnenblumenöl	heiß werden lassen, Kartoffel-, Aprikosen- und Apfelwürfel darin anbraten.
1 TL Petersilie, gehackt	
1 TL Thymianblättchen, gehackt	und
½ TL MAGGI Würzmischung 1	zufügen. Die Entenbrustfilets damit füllen und seitlich mit
2 Holzspießchen	verschließen.
	In der Pfanne
1 EL THOMY Reines Sonnenblumenöl	heiß werden lassen, Entenbrustfilets darin rundherum anbraten. Im Backofen ca. 45 Min. weitergaren. Aus der Pfanne nehmen und warm stellen. Das Fett abgießen und den Bratensatz mit
4 EL Portwein	verrühren.
1 Orange	auspressen, Saft unterrühren. Bratenfond mit
Wasser	auf ¼ l ergänzen, zum Kochen bringen.
1 Packung MAGGI Delikatess Soße zum Braten	einrühren, 1 Min. kochen.
1 Orange	heiß abwaschen, etwas Schale mit einem Zestenreißer in feinen Streifen abziehen und die Orange filetieren. Entenbrust in Scheiben schneiden, anrichten und mit der Soße, Orangenfilets und Orangenschalenstreifen servieren.

Servieren Sie dazu MAGGI Knödel Halb & Halb oder hausgemachte Kartoffelknödel (s. Seite 76).

MAGGI KOCHSTUDIO Ernährungsinfo:	*Je Portion: B: 2158 kJ (515 kcal) N: E 29 g, KH 17 g, F 29 g*

Fleisch

Was Sie wissen sollten!

 Nährwert:

Fleisch ist reich an Eiweiß und enthält viele Mineralstoffe und Vitamine, besonders wertvoll sind das Eisen und die verschiedenen B-Vitamine.

Der Fettgehalt des Fleisches hängt davon ab, von welchem Tier es stammt und um welches Stück es sich handelt.

Rindfleisch zum Beispiel hat generell etwas weniger Fett als Schweinefleisch. Filet gehört zu den fettarmen Fleischstücken, Schweinebauch dagegen zu den fettreichen.

 Einkauf und Lagerung:

Fleisch sollte eine frische Farbe haben und leicht marmoriert sein.

Die Knochen müssen glatt gesägt sein und dürfen auf keinen Fall Splitter aufweisen.

Bewahren Sie rohes Fleisch im Kühlschrank auf. Packen Sie es aus, legen Sie es auf einen Teller oder in eine Schüssel und decken Sie es mit Klarsichtfolie ab. So kann es weder Gerüche aufnehmen noch abgeben.

Frisches Fleisch am Stück hält sich im Kühlschrank 2 bis 3 Tage. Hackfleisch dagegen muss immer am Tag des Einkaufs zubereitet werden; es hat eine große Oberfläche und verdirbt deshalb sehr leicht.

Achten Sie bei abgepacktem Fleisch auf das Verfallsdatum und auf eine unbeschädigte Verpackung.

Sie können Fleisch natürlich auch einfrieren. Packen Sie es aus und legen Sie es in einen Gefrierbeutel oder eine Gefrierdose.

Wie lange sich tiefgekühltes Fleisch hält, hängt vom Fettgehalt ab. Mageres Fleisch können Sie etwa 7 bis 9 Monate tiefgefroren aufbewahren, fettes Fleisch etwa 4 bis 5 Monate. Unter Umständen ist es also sinnvoll, vor dem Einfrieren die Fettschicht weitgehend zu entfernen.

In Scheiben geschnittenes Fleisch (wie Koteletts, Schnitzel oder Steaks) lässt sich beim Auftauen besser teilen, wenn Sie Folie zwischen die Schichten legen.

Notieren Sie auf dem Gefrierbehälter, wann Sie das Fleisch eingefroren haben oder wann es spätestens verbraucht werden sollte.

Tauen Sie das Fleisch schonend auf, am besten im Kühlschrank, und verarbeiten Sie es schnell weiter.

 Rindfleisch:

Rindfleisch sollte nicht schlachtfrisch, sondern gut abgehangen sein, nur dann schmeckt es weich und zart.

Mageres Rindfleisch (z. B. Filet) eignet sich gut zum Pochieren und Kurzbraten. Durchwachsenes Rindfleisch schmeckt besonders gut geschmort (z. B. Rinderbraten) und gekocht (z. B. Tafelspitz).

Fleisch bleibt saftiger, wenn das Fett erst nach dem Garen entfernt wird; nur sehr dicke Fettschichten schneidet man vorsichtig schon vorher mit einem scharfen Messer weg.

Rinderhackfleisch hat generell relativ wenig Fett, besonders magere Stücke

werden gerne zu »Tatar« verarbeitet und roh gegessen.

Auch als hauchdünnes Carpaccio kommt Rindfleisch roh auf den Tisch.

 Kalbfleisch:

Kalbfleisch stammt von sehr jung geschlachteten Rindern. Es sollte blassrosa bis rosa sein und weißes, festes Fett haben.

Der Fettgehalt ist niedriger als bei Rindfleisch, deshalb sollten Sie Kalbfleisch eher wie Geflügel behandeln. Ob beim Kochen, Braten oder Grillen – garen Sie es nicht zu lange, sonst wird es trocken und zäh.

Kalbfleisch verdirbt schnell. Lagern Sie es am besten nicht länger als 2 Tage im Kühlschank.

 Schweinefleisch:

Gutes Schweinefleisch hat eine kräftig rosa Farbe und ist leicht marmoriert, hat also einen gewissen Anteil an Fett. Das sollte bei frischem Fleisch fest und weiß aussehen. Das magerste Stück vom Schwein ist die Lende.

Blasses Schweinefleisch ohne Marmorierung und Fettgewebe ist von minderer Qualität. Es enthält viel Wasser und schrumpft bei der Zubereitung zusammen.

Abgepacktes Fleisch, bei dem sich in der Verpackung Flüssigkeit angesammelt hat, ist nicht empfehlenswert.

Marinieren / Sauerbraten

Zutaten für 6 Portionen:
1 kg Rinderbraten
1 Möhre
1/2 Knollensellerie
1 Stange Lauch
2 Zwiebeln
2 Knoblauchzehen
0,75 l Rotwein
6 EL Rotweinessig
2 Lorbeerblätter
10 Wacholderbeeren
1 Nelke
1 TL weiße Pfefferkörner
2 Zweige Rosmarin
2 Zweige Thymian

1 Rinderbraten waschen und mit Küchenpapier trockentupfen. Möhre und Sellerie putzen, waschen, schälen und in Würfel schneiden. Lauch putzen, waschen, halbieren und in Ringe schneiden. Zwiebeln und Knoblauch schälen und vierteln.

2 Das Gemüse in eine entsprechend große Schüssel geben. Rotwein und Rotweinessig zugießen. Lorbeerblätter, Wacholderbeeren, Nelke und Pfefferkörner zugeben. Rosmarin und Thymian waschen, trockenschütteln und ebenfalls in die Schüssel geben. Alle Zutaten verrühren.

3 Den Rinderbraten in die Marinade legen, er muss ganz bedeckt sein. Die Schüssel mit Frischhaltefolie verschließen, in den Kühlschrank stellen und den Braten mindestens 3 Tage, am besten bis zu 7 Tage marinieren lassen.

4 Den Rinderbraten aus der Marinade nehmen, gut abtropfen lassen und mit Küchenpapier trockentupfen. Die Marinade für die Zubereitung des Bratens (siehe rechts) aufbewahren.

Tipp!

Für Sauerbraten sind sehr magere Rindfleischstücke, wie z. B. Rinderhüfte, am besten geeignet.

Info!

Ganz wichtig ist, dass das Rindfleis beim Marinieren komplett mit Flüss keit bedeckt ist, da es sonst verdirb Reicht die oben angegebene Meng an Flüssigkeit nicht aus, erhöhen Si einfach die Menge an Rotwein und Rotweinessig im gleichen Verhältni

Schmoren / Sauerbraten

Zutaten für 6 Portionen:
1 kg Sauerbraten (s. Seite 194)
Salz und Pfeffer aus der Mühle
4 EL THOMY Reines Sonnenblumenöl
1 EL THOMY Tomadoro Tomatenmark
0,75 l Sauerbraten-Marinade (s. S. 194)
2 TL Speisestärke
2 EL Rotwein

1 Den bereits eingelegten und trocken-
getupften Sauerbraten mit Salz und Pfeffer
kräftig würzen. In einem Bräter THOMY
Reines Sonnenblumenöl heiß werden lassen.
Den Sauerbraten darin von allen Seiten
kräftig anbraten.

2 THOMY Tomadoro Tomatenmark zugeben und kurz anrösten lassen. Den Braten
mit der Marinade ablöschen und bei geringer
Wärmezufuhr zugedeckt ca. 90–120 Min.
schmoren lassen.

3 Den Braten herausnehmen und 10 Min.
ruhen lassen. Die Sauce durch ein Sieb in
einen Topf umgießen. In einem kleinen
Schüsselchen Speisestärke und Rotwein
verrühren und mit einem Schneebesen
kräftig unter die Sauce rühren.

4 Die Sauce mit Salz und Pfeffer würzen
und abschmecken.

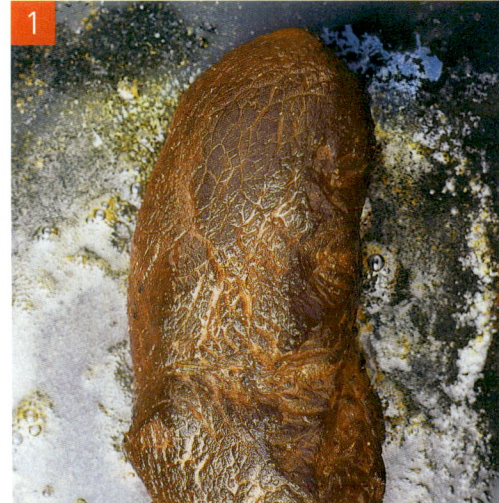

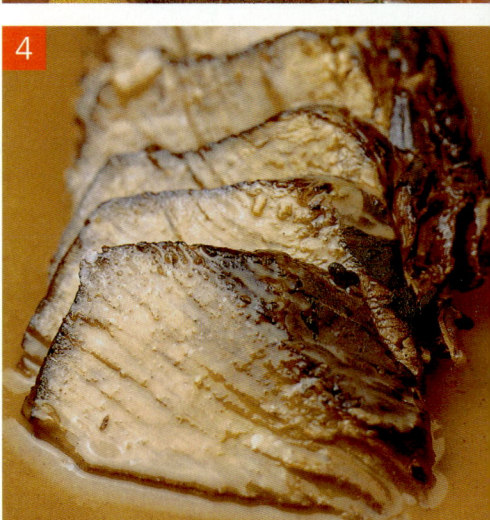

Schmoren / Rouladen

Zutaten für 4 Portionen:
4 Scheiben Rinderrouladen
Salz und Pfeffer aus der Mühle
4 EL THOMY Delikatess-Senf
4 Scheiben geräucherter,
durchwachsener Speck
2 Zwiebeln
4 Gewürzgurken
3 EL THOMY Reines Sonnenblumenöl
400 ml Rotwein
500 ml Wasser
2 TL MAGGI Klare Fleischsuppe
1 Bouquet garni (s. Seite 38)
1 Lorbeerblatt
1 EL Speisestärke
3 EL kaltes Wasser
Salz und Pfeffer aus der Mühle

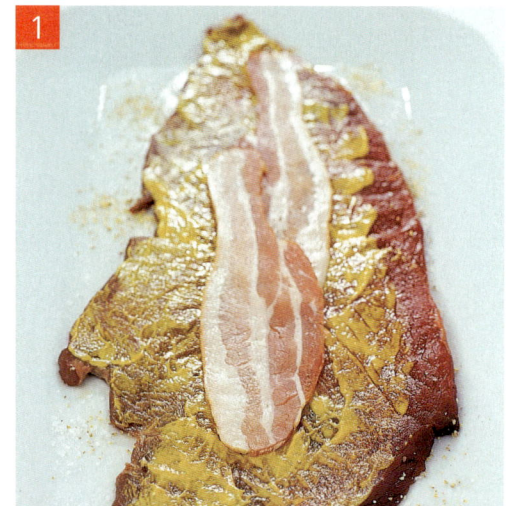

1 Die Rinderrouladen waschen, trocken-tupfen und nebeneinander auf ein Schneid-brett legen. Mit Salz und Pfeffer würzen und mit THOMY Delikatess-Senf bestreichen. Jeweils 1 Scheibe geräucherten, durchwach-senen Speck darauf legen.

2 Zwiebeln schälen und in Würfel schneiden. Die Gewürzgurken ebenfalls in Würfel schnei-den. Beides auf den Speckscheiben verteilen.

3 Die Rouladen an den Längsseiten etwas einschlagen, damit die Füllung nicht heraus-quellen kann, und fest aufrollen.

4 Die Rouladen mit Rouladennadeln fest-stecken.

5 In einem Bräter THOMY Reines Sonnen-blumenöl heiß werden lassen und die Rouladen darin von allen Seiten kräftig anbraten.

6 Rotwein und Wasser zugießen, MAGGI Klare Fleischsuppe darin auflösen. Bouquet garni und Lorbeerblatt zugeben und die Rouladen bei geringer Wärmezufuhr ca. 90 Min. schmoren. Rouladen herausnehmen und auf einer Platte anrichten. Zum Binden der Soße Speisestärke mit Wasser anrühren und mit einem Schnee-besen in die kochende Soße rühren. Soße mit Salz und Pfeffer würzen und abschmecken.

Kurzgebratenes / Rumpsteak

Zutaten für 4 Portionen:
4 Rumpsteaks (à ca. 180 g)
Salz und Pfeffer aus der Mühle
2 EL THOMY Reines Sonnenblumenöl

1 Die Rumpsteaks waschen und trocken-tupfen. Fettränder mit einem Messer senk-recht einschneiden, damit sich das Rump-steak beim Braten nicht wölbt. Mit Salz und Pfeffer von beiden Seiten würzen.

2 In einer Pfanne THOMY Reines Sonnen-blumenöl heiß werden lassen. Die Steaks da-rin von beiden Seiten ca. 30 Sekunden scharf anbraten. Die Hitze reduzieren und unter mehrmaligem Wenden ca. 8 Minuten bei ge-ringer Wärmezufuhr braten.

3 Mit dem Finger oder einem Thermometer testen, wie weit das Fleisch durchgebraten ist. Gibt das Steak stark nach und fühlt sich weich an, ist es noch blutig (»rare«oder »saignant«, die Kerntemperatur beträgt ca. 55 °C). Gibt das Fleisch leicht nach, ist es rosa (»medium« oder »à point«, Kerntem-peratur ca. 65 °C). Durchgegart ist das Fleisch, wenn es sich fest anfühlt (»well done« oder »bien cuit«, Kerntemperatur ca. 75 °C).

Tipp!

Um eine Vorstellung zu bekommen, was »weich« oder »fest« heißt, legen Sie Daumen- und Zeigefingerspitze der linken Hand mit leichtem Druck zu-sammen. Drücken Sie nun mit dem Mittelfinger der rechten Hand gegen die Mitte des linken Ballens. So fühlt sich das Steak an, wenn es roh ist. Daumen gegen Mittelfinger = Härte des Ballens entspricht der Härte eines blutigen Steaks. Daumen gegen Ring-finger = Ballen entspricht einem Steak, das innen noch rosa ist. Daumen ge-gen kleinen Finger = Ballen entspricht einem durchgegarten Steak.

Panieren / Wiener Schnitzel

Zutaten für 4 Portionen:
4 Kalbsschnitzel (à ca. 130 g)
Salz und Pfeffer aus der Mühle
100 g Mehl
200 g Paniermehl
2 Eier
2 EL Sahne, süß
60 g Butterschmalz

1 Die Schnitzel waschen und trockentupfen und nebeneinander auf ein Schneidebrett legen. Die Schnitzel mit einem Stück Klarsichtfolie abdecken.

2 Mit einem Pfannenboden oder einem Fleischklopfer das Schnitzel dünn klopfen. Durch das Klopfen werden die Fleischfasern verkürzt, das Fleisch wird dadurch mürbe. Die Folie sorgt dafür, dass die Oberfläche unversehrt bleibt. Folie abnehmen.

3 Die Schnitzel mit Salz und Pfeffer würzen. Mehl und Paniermehl getrennt in flache Schalen oder tiefe Teller geben. Eier und Sahne in einer Schale verquirlen.

Tipp!

Verwenden Sie statt Kalbfleisch Schweinefleisch, wie z. B. Nuß oder Keule.

Die Panade ist sehr wichtig für den guten Geschmack. Bereiten Sie dah das Paniermehl selbst zu. Schneide Sie einfach altbackenes Weißbrot oder Toastbrot in Würfel und zerkle nern Sie es in einem Blitzhacker od in der Küchenmaschine.

4 Die Schnitzel in Mehl wenden. Überschüssiges Mehl leicht abklopfen.

5 Die Schnitzel mit Hilfe einer Gabel von beiden Seiten durch die Ei-Sahne-Masse ziehen und kurz abtropfen lassen.

6 Die Schnitzel im Paniermehl wenden, dabei nicht zu fest drücken. Das Fleisch sollte gleichmäßig von der Panade bedeckt sein.

7 In einer Pfanne Butterschmalz heiß werden lassen. Die panierten Schnitzel bei mittlerer Wärmezufuhr von beiden Seiten braten. Die Schnitzel sind gar, wenn die Panade goldgelb ist. Schnitzel erst wenden, wenn sich ein brauner Rand gebildet hat.

8 Die Schnitzel aus der Pfanne nehmen, kurz auf Küchenpapier legen und das Fett abtropfen lassen.

Tipp!

Wiener Schnitzel sind zum Warmhalten nicht geeignet. Sie müssen sofort serviert werden.

Backofen / Schweinebraten

Zutaten für 8 Portionen:
1,5 kg Schweinebraten vom Nacken
Salz und Pfeffer aus der Mühle
1 EL Paprikapulver, edelsüß
1 TL MAGGI Klare Brühe
250 ml Wasser

1 Den Backofen auf 180 °C vorheizen. Den Schweinebraten waschen und mit Küchenpapier trockentupfen. Von allen Seiten mit Salz, Pfeffer und Paprikapulver einreiben, das geht am besten mit den Händen.

2 Schweinebraten auf ein tiefes Backblech legen und ca. 90 Min. im Backofen garen. Inzwischen MAGGI Klare Brühe in heißem Wasser auflösen und nach und nach über den Braten schöpfen. Braten nach der Hälfte der Garzeit wenden.

3 Den Braten aus dem Backofen nehmen, ca. 10 Min. ruhen lassen, damit sich der Fleischsaft im Fleisch verteilen kann. Anschließend in Scheiben schneiden.

Tipp und Info!

Servieren Sie den Schweinebraten mit MAGGI Soße für Schweinebrate

Fleisch wird vor der Zubereitung ge rell unter fließendem kalten Wasser gewaschen und mit Küchenpapier tr ckengetupft. Nach dem Garen lässt es mindestens 5 Minuten ruhen, dar sich der Saft im Fleisch verteilt und beim Aufschneiden nicht ausläuft. D Fleisch trocknet nicht so schnell aus.

Garen bei niedrigen Temperaturen / Roastbeef

Zutaten für 8 Portionen:
1,5 kg Roastbeef
Salz und Pfeffer aus der Mühle
2 EL THOMY Reines Sonnenblumenöl
2 Zweige Thymian
1 Zweig Rosmarin
4 EL Thomy Delikatess-Senf
1 Prise Chilipulver

1 Den Backofen auf 80 °C vorheizen. Das Roastbeef waschen und mit Küchenpapier trockentupfen. Das Fleisch von allen Seiten kräftig mit Salz und Pfeffer würzen. In einer Pfanne THOMY Reines Sonnenblumenöl heiß werden lassen. Das Fleisch darin rundherum scharf anbraten.

2 Thymian und Rosmarin waschen und trockenschütteln. Kräuter von den Stielen zupfen und klein schneiden. THOMY Delikatess-Senf und Chilipulver zugeben und verrühren. Das Roastbeef mit der Senfpaste bestreichen.

3 Das Roastbeef auf ein Backblech legen und ca. 4 Std. im Backofen garen. Das Roastbeef aus dem Backofen nehmen und ca. 10 Min. ruhen lassen, damit sich der Fleischsaft verteilen kann. Das Fleisch in dünne Scheiben schneiden.

Info!

Durch die niedrigen Temperaturen beim Garen bleibt das Fleisch schön saftig. Wenn Sie das Roastbeef nicht sofort servieren, können Sie es sehr gut im Backofen bei 50 °C warm halten, ohne dass das Fleisch trocken wird.

Kochen / Tafelspitz

Zutaten für ca. 6 Portionen:
1 kg Tafelspitz vom Kalb
1 Bouquet garni (s. Seite 38)
bestehend aus:
2 Lauchblättern
1 Zweig Rosmarin
5 Zweige Thymian
5 Petersilienstängel

3 l Wasser
2 EL MAGGI Klare Fleischsuppe
1 Lorbeerblatt
10 Pfefferkörner
2 Nelken

1 Tafelspitz waschen und trockentupfen. Das Bouquet garni nach Anleitung auf Seite 38 zubereiten.

2 In einem großen Topf Wasser und MAGGI Klare Fleischsuppe zum Kochen bringen. Tafelspitz in die kochende Brühe geben und ca. 90 Min. bei geringer Wärmezufuhr ziehen lassen. Dabei immer wieder mit einer Schaumkelle den Schaum abschöpfen.

3 Nach ca. 60 Min. Bouquet garni zusammen mit Lorbeerblatt, Pfefferkörnern und Nelken zum Fleisch geben. Weitere ca. 30 Min. bei mittlerer Wärmezufuhr ziehen lassen.

4 Den Tafelspitz aus der Brühe nehmen und in Scheiben schneiden.

Tipp!

Passieren Sie die Brühe durch ein Sieb und servieren Sie sie mit einer Suppeneinlage als Vorspeise.

Pochieren / Rinderfilet

Zutaten für 4 Portionen:
4 Rinderfilets (à ca. 150 g)
Salz und Pfeffer aus der Mühle
1 l Rindfleischbrühe (s. Seite 36)

1 Die Rinderfilets waschen und trockentupfen. Filets mit Salz und Pfeffer von
beiden Seiten würzen.

2 Die Rindfleischbrühe in einen Topf
gießen. Die Rinderfilets zugeben und zum
Kochen bringen. Die Filets zugedeckt und
bei geringer Wärmezufuhr ca. 20 Min.
pochieren.

3 Die Rinderfilets mit einem Schaumlöffel
aus der Rindfleischbrühe nehmen und servieren.

Tipp!

**Servieren Sie pochierte Rinderfilets
klassisch mit Sauce Béarnaise.**

Apfelkammbraten

8 Portionen

Zubereitungszeit:	85 Min.

	Backofen auf 150 °C vorheizen.
1 kg Schweinekamm	waschen und trockentupfen. Mit
1 TL MAGGI Würzmischung 1	würzen und auf
1 Stück Aluminiumfolie	legen. Locker verschließen und im
	Backofen ca. 50 Min. braten.
4 Äpfel	waschen, schälen, in Achtel schneiden,
	Kerngehäuse entfernen und die
	Hälfte um das Fleisch legen. Folie
	nicht mehr verschließen und alles
	weitere 30 Min. braten.
	In einem Topf
10 g Butter	heiß werden lassen und die
	restlichen Äpfel darin andünsten.
	Den Bratenfond in einen Topf gießen,
400 ml Wasser	zugießen und zum Kochen bringen.
2 Päckchen MAGGI	
Soße zum Braten	einrühren, zum Kochen bringen
	und mit
1 Prise Zucker	und
1 Prise Zimt	würzen und abschmecken.
	Servieren Sie dazu MAGGI
	Semmel-Knödel im Kochbeutel
	und Butterbohnen.

MAGGI KOCHSTUDIO Ernährungsinfo:	*Je Portion:* *B: 1305 kJ (312 kcal)* *N: E 21 g, KH 9 g, F 19 g*

Gefüllter Schweine-
braten mit Apfel-
Weinbrand-Soße
Foto oben

4 Portionen

Zubereitungszeit:	100 Min.
	Backofen auf 200 °C vorheizen.
2 Äpfel	waschen, schälen und in Spalten schneiden.
4 EL Weinbrand	und
1 TL Zimt	zufügen und ca. 10 Min. ziehen lassen.
500 g Schweinebraten	waschen, trockentupfen. Mit einem Messer längs 3 Taschen einschneiden.
	Von
3 TL THOMY Delikatess-Senf	je einen TL in eine Tasche streichen. Einen Teil der Apfelspalten in die Taschen stecken und mit
3 Rouladennadeln	feststecken. Den Braten mit
MAGGI Würzmischung 1	würzen.
	In einem Topf
3 EL THOMY Reines Sonnenblumenöl	heiß werden lassen. Den Braten von allen Seiten darin anbraten.
500 ml Wasser	zugießen und den Braten im Backofen ca. 1½ Std. schmoren. 15 Min. vor Ende der Garzeit die restlichen Äpfel mit dem Weinbrand zugeben. Den Braten herausnehmen und warm stellen. Den Bratenfond zum Kochen bringen und
2 Päckchen MAGGI Soße zum Braten	einrühren und aufkochen.
20 g Blockschokolade	darin schmelzen lassen. Die Rouladennadeln entfernen und den Braten in Scheiben schneiden. Mit der Soße servieren.

Tipp: Anstelle der Äpfel können Sie auch Birnen verwenden.

MAGGI KOCHSTUDIO
Ernährungsinfo:

Je Portion:
B: 1808 kJ (432 kcal)
N: E 27 g, KH 15 g, F 25 g

Rinderbraten Cassis
Foto unten

4 Portionen

Zubereitungszeit:	110 Min.
500 g Rinderbraten, Hüftstück	waschen, trockentupfen und mit
Salz	und
Pfeffer	würzen.
	In einem Topf
2 EL THOMY Reines Sonnenblumenöl	heiß werden lassen, den Rinderbraten von allen Seiten darin anbraten.
½ l Wasser	zugießen und den Braten zugedeckt bei geringer Wärmezufuhr ca. 1½ Std. schmoren, zwischendurch wenden. Braten herausnehmen, Bratenfond zum Kochen bringen.
1 Doppelpackung MAGGI Delikatess Soße zu Rinderbraten	einrühren, 1 Min. kochen lassen.
1 EL Johannisbeergelee	und
1 TL Lebkuchengewürz	zufügen und abschmecken. Rinderbraten in Scheiben schneiden und zu der Soße servieren.

Servieren Sie dazu BUITONI Gnocchi di Patate.

MAGGI KOCHSTUDIO Ernährungsinfo:
Je Portion:
B: 2282 kJ (545 kcal)
N: E 35 g, KH 29 g, F 42 g

Sauerbraten mit Backobst

6 Portionen

Zubereitungszeit:	105 Min.
60 g Speck, durchwachsen u. geräuchert	in Würfel schneiden und in einer Pfanne ohne Fett anbraten.
½ l Wasser	zugießen.
2 Beutel MAGGI Fix für Sauerbraten	einrühren, zum Kochen bringen.
1 kg Rindfleisch	waschen, trockentupfen und zugeben. 1 Std. schmoren, zwischendurch einmal wenden.
1 Beutel (250 g) Backobst	zugeben und weitere 30 Min. schmoren. Fleisch aus der Soße nehmen, in Scheiben schneiden und auf Tellern anrichten. Die Soße mit
2 EL Crème fraîche	verrühren und zu dem Braten servieren.

Servieren Sie dazu Halb und Halb Knödel, Semmelknödel oder hausgemachte Kartoffelknödel (s. Seite 76).

MAGGI KOCHSTUDIO Ernährungsinfo:
Je Portion:
B: 2323 kJ (555 kcal)
N: E 39 g, KH 32 g, F 39 g

Exotischer Schweinebraten
Foto

6 Portionen

Zubereitungszeit:	100 Min.

	Backofen auf 200 °C vorheizen.
1 kg Schweineschulter	waschen, trockentupfen, auslösen und in die Schwarte kleine Vierecke einschneiden. Mit
MAGGI Würzmischung 1	würzen. Im Bräter
20 g Schweineschmalz	heiß werden lassen. Schweineschulter mit der Schwarte nach oben hinein-geben und 1 Std. braten. Ab und zu etwas
Wasser	zugießen.
1 Pfirsich	
2 Kiwis	und
4 Zwiebeln, klein	schälen, in Ringe schneiden, zum Fleisch geben und weitere 20 Min. braten.
100 ml Wasser	mit
½ TL Salz	verrühren und ca. 10 Min. vor Ende der Bratzeit das Fleisch damit bestreichen, damit die Kruste knusprig wird. Fleisch mit Früchten aus dem Bräter nehmen. Bratflüssigkeit mit dem Saft von
1 Orange	und
200 ml Wasser	auf ½ l ergänzen, zum Kochen bringen.
1 Doppelpackung MAGGI Delikatess Soße zu Schweinebraten	einrühren, zum Kochen bringen und zu dem exotischen Schweinebraten servieren.

Servieren Sie dazu Curry-Reis.

MAGGI KOCHSTUDIO
Ernährungsinfo:
Je Portion:
B: 1184 kJ (283 kcal)
N: E 27 g, KH 9 g, F 15 g

Kalbshaxe mit Wurzelgemüse

4 Portionen

Zubereitungszeit:	150 Min.

300 g Petersilienwurzeln	und
300 g Möhren	putzen, waschen, schälen und in Würfel schneiden.
4 Scheiben (à ca. 250 g) Kalbshaxe	waschen und trockentupfen.
2 EL THOMY Reines Sonnenblumenöl	in einem Bräter heiß werden lassen. Kalbshaxen-Scheiben darin von beiden Seiten anbraten. Petersilien-wurzeln und Möhren zugeben und kurz mitbraten.
600 ml Wasser	zugießen.
2 Beutel MAGGI Fix für Ofentopf »Winzer Art«	einrühren. Zum Kochen bringen und ca. 2 Std. zugedeckt bei geringer Wärmezufuhr schmoren.

Servieren Sie dazu Polenta oder Ciabatta.

Tipp: Das Gericht kann auch bei 200 °C im Backofen zubereitet werden.

MAGGI KOCHSTUDIO
Ernährungsinfo:

Je Portion:
B: 1758 kJ (420 kcal)
N: E 57 g, KH 18 g, F 12 g

Aprikosencurry

4 Portionen

Zubereitungszeit:	60 Min.
500 g Schweinefleisch (oder Lammfleisch)	waschen, trockentupfen und in große Würfel schneiden.
2 Zwiebeln	schälen und in Achtel schneiden.
	In einem Topf
1 EL THOMY Reines Sonnenblumenöl	heiß werden lassen und beides darin anbraten.
2 TL Curry	zufügen und verrühren.
1 EL Zucker	zugeben und karamellisieren lassen.
¼ l Wasser	zugießen, zum Kochen bringen.
½ Würfel MAGGI Klare Fleisch Suppe	darin auflösen.
50 g Mandeln, gehackt	und
50 g Rosinen	zufügen und zugedeckt ca. 45 Min. schmoren.
1 Dose (425 ml) LIBBY'S Aprikosen, halbe Frucht	abtropfen lassen, zum Fleisch geben und heiß werden lassen.
2 EL Joghurt	unterrühren.
	Servieren Sie dazu Reis.

MAGGI KOCHSTUDIO Ernährungsinfo:

Je Portion:
B: 1860 kJ (444 kcal)
N: E 31 g, KH 33 g, F 22 g

Italienische Kalbsröllchen
Foto

6 Portionen

Zubereitungszeit:	40 Min.
50 g Tomaten in Öl	in feine Streifen schneiden.
50 g Oliven, schwarz (entsteint)	klein schneiden.
1 kleine Paprikaschote, gelb	waschen, Kerne und weiße Innenhäute entfernen und in kleine Würfel schneiden. Das Gemüse in einer beschichteten Pfanne ohne Fett ca. 5 Min. andünsten. Mit
MAGGI Würzmischung 1	würzen und abschmecken.
6 (à 125 g) Kalbsschnitzel	waschen, trockentupfen und mit
MAGGI Würzmischung 1	würzen. Das Gemüse auf den Kalbsschnitzeln verteilen, aufrollen und mit
6 Holzspießchen	feststecken. In einer Pfanne
2 EL THOMY Reines Sonnenblumenöl	heiß werden lassen. Die Kalbsröllchen darin von allen Seiten anbraten.
4 Schalotten	schälen, halbieren und in feine Ringe schneiden. Zu den Kalbsröllchen geben und kurz mitdünsten.
250 ml Wasser	und
2 EL MAGGI Gourmet Bouillon Huhn	zufügen und bei geringer Wärmezufuhr ca. 15 Min. schmoren lassen.
100 ml Sahne, süß	zugeben und mit
4 EL MAGGI Soßenbinder für dunkle Soßen	binden.
	Servieren Sie dazu in Butter geschwenkte Gnocchi.

MAGGI KOCHSTUDIO Ernährungsinfo:

Je Portion:
B: 1264 kJ (302 kcal)
N: E 29 g, KH 15 g, F 13 g

Kasseler in Zwiebel-Senf-Soße

Zubereitungszeit:	70 Min.
500 g Kasseler	waschen, trockentupfen. In einem Topf
2 EL THOMY Reines Sonnenblumenöl	heiß werden lassen, das Kasseler darin von allen Seiten anbraten.
1/2 l Wasser	zugießen und zugedeckt bei geringer Wärmezufuhr ca. 60 Min. schmoren.
	Kasseler herausnehmen und warm stellen.
1 Doppelpackung MAGGI Delikatess Soße zu Schweinebraten	einrühren, zum Kochen bringen und ca. 1 Min. kochen.
3 EL Silberzwiebeln	zufügen und heiß werden lassen.
1 1/2 EL THOMY Süßer Senf	unterrühren. Das Kasseler in Scheiben schneiden und die Soße dazu servieren.
	Servieren Sie dazu MAGGI Kartoffel-Püree.
MAGGI KOCHSTUDIO Ernährungsinfo:	*Je Portion: B: 1665 kJ (398 kcal) N: E 22 g, KH12 g, F 26 g*

Provencalisches Rinderragout
Foto oben

Zubereitungszeit:	120 Min.
1,5 kg Rindergulasch MAGGI Würzmischung 1	waschen, trockentupfen und mit würzen.
300 g Zwiebeln	schälen und in feine Ringe schneiden.
2 Knoblauchzehen	schälen und durchpressen.
	In einem Topf
2 EL THOMY Reines Sonnenblumenöl	heiß werden lassen. Das Fleisch darin portionsweise anbraten. Zwiebeln und Knoblauch zugeben und kurz mitdünsten.
300 ml Rotwein	und
800 ml Wasser	zugießen und zum Kochen bringen.
4 TL MAGGI Rinds-Bouillon	darin auflösen.
2 Lorbeerblätter, klein	
6 Zweige Thymian	und den Saft von
1 Orange	zugeben und bei geringer Wärmezufuhr zugedeckt ca. 1 1/2 Std. schmoren.
	In der Zwischenzeit
400 g Tomaten	brühen, häuten, den Blütenansatz entfernen und in Würfel schneiden.
100 g Oliven, schwarz (entsteint)	halbieren. Tomaten, Oliven und
300 g Bohnen, grün, tiefgefroren	ca. 30 Min. vor Ende der Garzeit zugeben und offen mitschmoren.
	Lorbeerblätter entfernen und das Ragout mit
3 EL MAGGI Soßenbinder für dunkle Soßen	binden. Mit
4 EL Basilikumblättern, gehackt	bestreut servieren.
	Servieren Sie dazu Petersilienkartoffeln.
MAGGI KOCHSTUDIO Ernährungsinfo:	*Je Portion: B: 1730 kJ (413 kcal) N: E 41 g, KH 13 g, F 18 g*

Rouladen Jäger-Art

Foto unten

3 Portionen

Zubereitungszeit:	110 Min.
1 Brötchen, altbacken	einweichen.
150 g Champignons	putzen, waschen.
1 Zwiebel	schälen und beides in Würfel schneiden.
1 Knoblauchzehe	schälen, durchpressen.
1 Bund Petersilie	waschen und fein hacken. In einer Pfanne
25 g Butter	heiß werden lassen und das Gemüse kurz andünsten. Petersilie zufügen.
3 TL Senf	
MAGGI Würzmischung 1	und
50 g Gouda, 30 % Fett i. Tr., gerieben	mit dem ausgedrückten Brötchen mischen.
3 (à 150 g) Rinderrouladen MAGGI Würzmischung 1	waschen, trockentupfen, mit würzen. Füllung auf die Rouladen streichen, zusammenrollen und feststecken. In einer Pfanne
2 EL THOMY Reines Sonnenblumenöl	heiß werden lassen. Rouladen darin anbraten.
1/4 l Wasser	zugießen. Zugedeckt bei geringer Wärmezufuhr ca. 90 Min. schmoren lassen. Rouladen herausnehmen und warm stellen. Schmorflüssigkeit mit Wasser auf gut 1/4 l (300 ml) ergänzen.
1 Beutel MAGGI Meisterklasse Jäger-Sauce	einrühren. Unter Rühren aufkochen, bei geringer Wärmezufuhr 10 Min. kochen lassen. Dabei gelegentlich umrühren.
1 EL Crème fraîche	einrühren und die Sauce zu den Rouladen servieren.

Servieren Sie dazu MAGGI Semmel-Knödel im Kochbeutel.

MAGGI KOCHSTUDIO
Ernährungsinfo:

Je Portion:
B: 1966 kJ (469 kcal)
N: E 41 g, KH 18 g, F 25 g

Fleischtopf alla cassoulet
Foto

4 Portionen

50 g Speck, durchwachsen u. geräuchert	in Würfel schneiden.
1 Zwiebel, groß	und
2 Knoblauchzehen	schälen und in Würfel schneiden.
	In einem Topf
1 EL THOMY Reines Sonnenblumenöl	heiß werden lassen. Speck darin auslassen. Zwiebel und Knoblauch zugeben und mitdünsten.
150 g Rindfleisch	und
150 g Schweinefleisch	waschen, trockentupfen, in kleine Würfel schneiden, zugeben und mitbraten.
1 Bund Suppengrün	putzen, waschen, klein schneiden.
1 Glas (660 ml) Bohnenkerne, weiß	und das Gemüse zugeben.
1 Dose (815 ml) Tomaten	abtropfen lassen und die Abtropfflüssigkeit mit
700 ml Wasser	auf knapp 1 Liter ergänzen. Zugießen und zum Kochen bringen.
1 Würfel MAGGI Klare Fleisch Suppe	darin auflösen. Alles ca. 45 Min. bei geringer Wärmezufuhr kochen.
150 g Knoblauchwurst	in dünne Scheiben schneiden und kurz vor Kochzeitende mit den Tomaten zugeben und heiß werden lassen.
1 Stängel Petersilie	waschen, Blättchen von den Stielen zupfen und den Fleischtopf damit garniert servieren.

Servieren Sie dazu Salzkartoffeln.

MAGGI KOCHSTUDIO Ernährungsinfo:
Je Portion:
B: 2107 kJ (503 kcal)
N: E 30 g, KH 12 g, F 39 g

Kalbsschnitzel Saltimbocca

3 Portionen

Zubereitungszeit:	25 Min.
3 (à 100 g) Kalbsschnitzel MAGGI Würzmischung 1	waschen, trockentupfen und mit würzen. Mit
6 EL Salbeiblättchen, frisch	und
3 Scheiben Parmaschinken	belegen, zusammenklappen und mit
3 Holzspießchen	feststecken.
	In einer beschichteten Pfanne
1 EL THOMY Reines Sonnenblumenöl	heiß werden lassen und die Schnitzel von jeder Seite ca. 7 Min. braten.
	In einem kleinen Topf
1 Packung (250 ml) THOMY Les Sauces Käse Sahne-Sauce	erwärmen und zu den Schnitzeln servieren.

Servieren Sie dazu Bandnudeln.

MAGGI KOCHSTUDIO Ernährungsinfo:
Je Portion:
B: 1142 kJ (272 kcal)
N: E 27 g, KH 3 g, F 16 g

Türkisches Lamm mit Joghurt und Tomatensauce

4 Portionen

Zubereitungszeit:	30 Min.
	Backofen auf 200 °C vorheizen.
1 Beutel MAGGI Fix	
für Pfannen-Gyros	mit
100 ml Wasser	und
2 EL Olivenöl	verrühren.
600 g Lammkeule ohne Knochen	waschen, trockentupfen, parieren und in dünne Scheiben schneiden. Mit der Gyrosmischung bestreichen und ca. 15 Min. marinieren.
1 Fladenbrot	im Backofen ca. 10 Min. knusprig aufbacken. Herausnehmen und in Stücke schneiden.
¼ l Wasser	in einem Topf erwärmen.
1 Beutel MAGGI Fix	
für Spaghetti Napoli	einrühren und aufkochen.
1 Becher (150 g) NESTLÉ LC1 Pur	mit
½ Becher (150 g) Crème fraîche	verrühren. Lammfleisch in einer heißen Pfanne ohne Fett von jeder Seite ca. 2 bis 3 Min. braten. Fleisch mit Tomaten- und Joghurtsauce auf Tellern anrichten. Das warme Fladenbrot dazu servieren.

Tipp: Anstelle von Scheiben aus der Lammkeule können Sie auch Lammkoteletts verwenden.

MAGGI KOCHSTUDIO
Ernährungsinfo:

Je Portion:
B: 3529 kJ (843 kcal)
N: E 39 g, KH 72 g, F 44 g

Lamm-Filet
à la Béarnaise

4 Portionen

Zubereitungszeit:	30 Min.
600 g Bohnen	putzen, waschen.
1 Zwiebel	und
1 Knoblauchzehe	schälen und in kleine Würfel schneiden. In einem Topf
20 g Butter	heiß werden lassen und die Zwiebeln und den Knoblauch darin andünsten.
¼ l Wasser	zugießen und mit
Salz	
Pfeffer	und
Bohnenkraut	würzen. Zum Kochen bringen und die Bohnen im offenen Topf 15 Min. kochen, bis die Flüssigkeit fast ganz verkocht ist.
2 Tomaten	waschen, den Blütenansatz entfernen, in Würfel schneiden und zugeben. Von
1 Packung THOMY Les Sauces Béarnaise	knapp die Hälfte mit den Bohnen mischen.
600 g Lammfilet	waschen, trockentupfen. Mit
MAGGI Würzmischung 1	würzen. In einer Pfanne
2 EL THOMY Reines Sonnenblumenöl	heiß werden lassen. Lammfilet im Ganzen darin ca. 10 Min. braten, anschließend in Scheiben schneiden. Auf Tellern anrichten, restliche Sauce erwärmen und mit den Bohnen und dem Fleisch servieren.

Hinweis: Die THOMY Les Sauces Béarnaise kann auch durch eine hausgemachte Béarnaise (s. Seite 231) ersetzt werden.

MAGGI KOCHSTUDIO Ernährungsinfo:	*Je Portion:* *B: 1776 kJ (424 kcal)* *N: E 35 g, KH 10 g, F 26 g*

Chateaubriand
Foto

2 Portionen

Zubereitungszeit:	20 Min.

450 g Rinderfilet
(Filetkopf oder Mittelstück) waschen und trockentupfen.
In einer Pfanne

1 EL THOMY
Reines Sonnenblumenöl heiß werden lassen. Das Filetstück darin von beiden Seiten ca. 1 Min. scharf anbraten. Die Hitze reduzieren und von beiden Seiten mit

MAGGI Würzmischung 1 würzen.
40 g Butter zufügen. Das Chateaubriand ca. 18 Min. braten. Dabei gelegentlich wenden und mit dem Bratfond begießen. Herausnehmen und in

1 Stück Aluminiumfolie wickeln. Bis zum Servieren einige Minuten ruhen lassen.

Servieren Sie dazu ein hausgemachtes Kartoffelgratin (s. Seite 78).

MAGGI KOCHSTUDIO
Ernährungsinfo:
Je Portion:
B: 1838 kJ (439 kcal)
N: E 47 g, KH 0 g, F 27 g

Rostbraten

4 Portionen

Zubereitungszeit:	30 Min.

4 (à 200 g) Rumpsteaks
MAGGI Würzmischung 1 waschen, trockentupfen und mit würzen.
3 Zwiebeln schälen, in Viertel, dann in Scheiben schneiden.
2 Knoblauchzehen schälen, durchpressen.
In einer Pfanne

3 EL THOMY
Reines Sonnenblumenöl heiß werden lassen, die Rumpsteaks von beiden Seiten ca. 4 Min. braten. Rumpsteaks herausnehmen und warm stellen. Zwiebeln und Knoblauch in dem Bratfett glasig andünsten.
¼ l Wasser zugießen und
1 Würfel MAGGI Bratensaft darin auflösen. Rumpsteaks mit den Zwiebeln auf Tellern anrichten und servieren.

Servieren Sie dazu Bratkartoffeln.

MAGGI KOCHSTUDIO
Ernährungsinfo:
Je Portion:
B: 474 kJ (113 kcal)
N: E 1 g, KH 3 g, F 10 g

Feta-Frikadellen in Zwiebelsoße

4 Portionen

Zubereitungszeit:	40 Min.
300 g Hackfleisch	mit
1 Ei	und
5 EL Semmelbrösel	mischen, mit
Salz	und
Pfeffer	würzen.
50 g Feta-Käse	in 4 Stücke schneiden. Aus der Hackfleischmasse 4 Frikadellen formen und je einen Feta-Käse-würfel hineindrücken.

In einer Pfanne

3 EL THOMY Reines Sonnenblumenöl	heiß werden lassen. Die Frikadellen darin ca. 10 Min. von beiden Seiten braten, herausnehmen und warm halten.
⅛ l Wasser	und
⅛ l Milch	zugießen.
1 Päckchen MAGGI Delikatess Zwiebelsoße	einrühren und zum Kochen bringen. Die Frikadellen wieder zufügen und darin heiß werden lassen.

MAGGI KOCHSTUDIO Ernährungsinfo:

Je Portion:
B: 1611 kJ (385 kcal)
N: E 24 g, KH 13 g, F 25 g

Knusprige Schweineschnitzel
Foto oben

10 Portionen

Zubereitungszeit:	35 Min.
10 Schweineschnitzel	waschen und abtropfen lassen.
1 Beutel MAGGI Fix für Hackbraten	mit
50 g Mandeln, gehackt	mischen. Die feuchten Schnitzel mit der Mischung panieren, gut andrücken.

In einer Pfanne

6 EL THOMY Reines Sonnenblumenöl	heiß werden lassen. Die Schnitzel darin von jeder Seite ca. 4 Min. braten.
2 Zitronen	in Scheiben schneiden und zu den Schnitzeln servieren.

Servieren Sie dazu MAGGI Kartoffel-Püree und einen bunten Salat.

MAGGI KOCHSTUDIO Ernährungsinfo:

Je Portion:
B: 1221 kJ (291 kcal)
N: E 35 g, KH 6 g, F 13 g

Feines Geschnetzeltes
Foto unten

4 Portionen

Zubereitungszeit:	30 Min.

500 g Schnitzelfleisch, Kalb o. Schwein	waschen, trockentupfen, quer zur Faser in dünne Streifen schneiden, mit und
MAGGI Würzmischung 1	
2 EL THOMY Reines Sonnenblumenöl	mischen und durchziehen lassen.
1 Zwiebel	schälen und in Würfel schneiden.
125 g Champignons	putzen und in Scheiben schneiden. In einer großen, heißen Pfanne das Geschnetzelte kurz braten, herausnehmen.
20 g Butter	in der Pfanne heiß werden lassen, Zwiebeln und Champignons dazugeben und anbraten.
¹/₈ l Wasser	und
¹/₈ l Weißwein	zugießen und zum Kochen bringen.
1 Päckchen MAGGI Delikatess Rahmsoße zu Braten	einrühren, aufkochen.
1 EL Crème fraîche	dazugeben. Fleisch zufügen und heiß werden lassen.

Servieren Sie dazu Röstkartoffeln und grünen Salat.

MAGGI KOCHSTUDIO Ernährungsinfo:	*Je Portion:* *B: 1330 kJ (317 kcal)* *N: E 29 g, KH 4 g, F 17 g*

Soßen

Was Sie wissen sollten!

→ Allgemeines:

Die beste Basis für eine aromatische, geschmacksintensive Soße sind der Fleischsaft, der beim Garen austritt, die Röststoffe vom Anbraten des Fleisches sowie das Kochwasser von Gemüse.

Fleischbrühe und Röststoffe einfach mit heißem Wasser auffüllen, würzen und aufkochen lassen.

→ Soßen binden:

Um die Soße zu binden, haben Sie mehrere Möglichkeiten:
- Mehl, Soßenbinder oder Stärkemehl in etwas kalter Flüssigkeit (z. B. Wasser oder Weiß-/Rotwein) anrühren und mit einem Schneebesen in die heiße Soße einrühren. Die Soße aufkochen und ca. 10 Minuten bei geringer Wärmezufuhr kochen lassen, damit die Soße nicht nach Mehl schmeckt.
- Eigelb mit etwas Sahne verquirlen und in die Soße einrühren. Soße danach nicht mehr kochen lassen, sonst gerinnt das Eigelb und flockt aus.
- Sahne in die Soße einrühren und aufkochen lassen. Soßen, die mit Sahne oder auch Crème fraîche gebunden werden, werden schön sämig.

→ Klümpchen in der Soße – was tun?

Rührt man das Mehl nicht lange genug unter die Soße, entstehen schon mal Klümpchen. Doch Sie können Ihre Soße ganz einfach retten, indem Sie sie durch ein feines Sieb streichen!

→ Soßen einfrieren:

Soßenreste können Sie problemlos tiefkühlen, allerdings kann die Soße an Bindung verlieren. Wenn Sie die Soße im Eiswürfelbehälter einfrieren, können Sie die »Soßenwürfel« portionsweise entnehmen.

→ Soßenarten:

Helle Soßen:
Helle Soßen werden vorwiegend zu Gemüse, Fisch und hellem Fleisch serviert.

Grundlage für alle hellen Soßen ist eine Mehlschwitze aus Butter und Mehl. Je nach Geschmack wird die Schwitze mit Brühe, Weißwein oder auch Milch aufgegossen, und man kann Gewürze und Kräuter zugeben.

Dunkle Soßen:
Für eine dunkle Soße braten Sie Fleisch (eventuell zusammen mit Knochen) kräftig an, geben etwas Tomatenmark dazu und löschen das Ganze z. B. mit Rotwein oder Portwein ab, danach wird mit Brühe aufgefüllt.

Buttersoßen:
Buttersoßen werden hauptsächlich zu Gemüse (z. B. Spargel und Blumenkohl) und zu Fisch gegessen; eine der bekanntesten ist die Sauce Hollandaise.

Basis für eine Buttersoße sind zerlassene Butter, Eigelb und Weißwein, die man zum Beispiel mit frischen Kräutern aromatisieren kann.

Dunkle Soßen / Dunkler Kalbsfond

Zutaten für ca. 1 l Soße:
350 g Kalbsknochen
2 Zwiebeln
1 Knoblauchzehe
2 Möhren
2 Stangen Staudensellerie
2 EL THOMY Reines Sonnenblumenöl
3 Nelken
1 Lorbeerblatt
15 Pfefferkörner
Salz und Pfeffer aus der Mühle
1 EL THOMY Tomadoro Tomatenmark
100 ml Rotwein
ca. 4 l Wasser

1 Backofen auf 230 °C vorheizen. Die Knochen auf eine Fettpfanne legen und ca. 45 Min. rösten. Den Knochen wird dabei die Feuchtigkeit vollständig entzogen und sie geben ein intensives Röstaroma ab. In der Zwischenzeit Zwiebeln und Knoblauch schälen und grob hacken. Möhren und Staudensellerie putzen, waschen, schälen und in grobe Stücke schneiden.

2 In einem großen Topf THOMY Reines Sonnenblumenöl heiß werden lassen. Die Knochen zugeben und von allen Seiten weitere ca. 5 Min. rösten.

3 Zwiebeln, Knoblauch, Möhren- und Staudenselleriestücke und die Gewürze zugeben. Umrühren und mit Salz würzen.

4 THOMY Tomadoro Tomatenmark einrühren und kurz anrösten lassen. Mit Rotwein ablöschen und vollständig einkochen lassen.

5 Ca. 1 l Wasser zugießen und aufkochen lassen. Mit einer Schöpfkelle immer wieder den Schaum abschöpfen. Ist das Wasser eingekocht, wieder ca. 1 l Wasser zugießen und den Schaum abschöpfen. Diesen Vorgang noch ca. 1–2 mal wiederholen. Mit dem restlichen Wasser aufgießen und nochmals aufkochen lassen. Bei geringer Wärmezufuhr ca. 3 Std. kochen lassen.

6 Den Fond durch ein feines Sieb gießen. Der Siebinhalt wird nicht mehr verwendet. Den Kalbsfond mit Salz und Pfeffer würzen und abschmecken.

Tomatensoße

Zutaten für ca. 250 ml Soße:
800 g reife Tomaten
1 Möhre
1 Zwiebel
1 Stange Staudensellerie
Salz
Pfeffer
4 EL Olivenöl
6 Blätter Basilikum

1 Tomaten waschen und den Stielansatz entfernen. Möhre putzen, waschen und schälen. Zwiebel schälen. Staudensellerie putzen. Das Gemüse in Würfel schneiden.

2 Tomatenstücke in einen Topf geben. Dann die Möhrenwürfel zugeben. Wichtig ist, dass die Tomaten auf dem Topfboden liegen, da sie Wasser ziehen. Bei mittlerer Wärmezufuhr andünsten.

3 Zwiebel- und Staudenselleriewürfel zugeben, den Topf schließen. Alles bei geringer Wärmezufuhr ca. 30 Min. kochen lassen.

4 Das gegarte Gemüse mit Hilfe einer Suppenkelle durch das Sieb streichen. Diesen Vorgang nennt man passieren.

5 Das Tomatenpüree mit einem Teigschaber vom Siebboden in die Soße streifen.

6 Die Soße bei mittlerer Wärmezufuhr einmal aufkochen lassen und mit Salz und gemahlenem Pfeffer würzen und abschmecken. Die Soße von der Herdplatte nehmen und das Olivenöl löffelweise unterziehen. Basilikum waschen, fein hacken und unter die Soße rühren.

Helle Soßen / Sauce Béchamel

Zutaten für ca. ¹/₂ Liter Soße:
40 g Butter
40 g Mehl
500 ml Milch
1 Zwiebel
1 Lorbeerblatt
1 Nelke
Salz
Cayennepfeffer
Muskatnuss
Zitronensaft

1 In einem Topf Butter heiß werden lassen.

2 Das Mehl bei geringer Wärmezufuhr langsam einrieseln lassen. Dabei kräftig rühren, damit sich keine Klümpchen bilden. Die Mehlschwitze so lange rühren, bis sie eine goldgelbe Farbe annimmt.
200 ml Milch zugießen und kräftig weiterrühren, damit sich keine Klümpchen bilden. Die restliche Milch nach und nach zugießen und alles zu einer glatten Soße verrühren.

3 Die Zwiebel schälen und das Lorbeerblatt mit einer Nelke daran befestigen. Die Lorbeer-Zwiebel zur Soße geben und die Soße ca. 30 Min. bei geringer Wärmezufuhr kochen lassen. Dabei immer wieder umrühren, damit sie nicht anbrennt.

4 Die Lorbeer-Zwiebel herausnehmen und die Soße durch ein feines Sieb gießen. Mit Salz, Cayennepfeffer, Muskatnuss und Zitronensaft würzen und abschmecken.

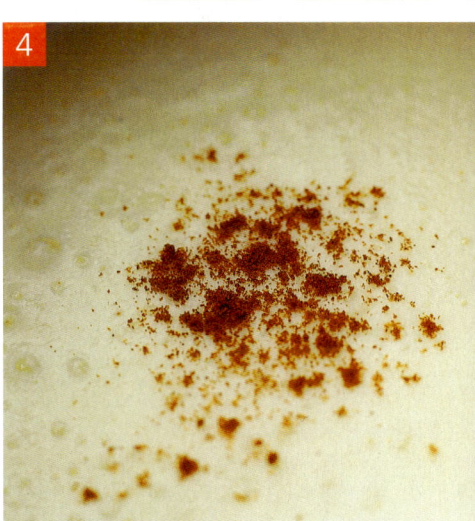

Info!

Die Sauce Béchamel eignet sich z. B. sehr gut zum Überbacken von Gemüse.

Buttersoße / Sauce Hollandaise

Zutaten für ca. 250 ml Soße:
200 g Butter
3 Eigelbe
60 ml Weißwein
Zitronensaft
Salz
Cayennepfeffer
Muskatnuss

1 In einem Topf Butter heiß werden lassen, bis sie schäumt. Dann die Wärmezufuhr reduzieren, da die Butter sonst verbrennt und schwarz wird. Mit einer Schaumkelle immer wieder den Schaum abschöpfen und so die Butter klären. Die zerlassene Butter vom Herd nehmen.

2 In einem weiteren Topf Wasser heiß werden lassen, aber nicht zum Kochen bringen. Eine Metallschüssel über das Wasserbad stellen. Der Boden der Schüssel darf das Wasser nicht berühren. Eigelbe und Weißwein in die Schüssel geben und mit einem Schneebesen kräftig aufschlagen, bis eine glatte, hellgelbe Masse entsteht.

3 Die zerlassene Butter über dem Wasserbad unter ständigem Rühren in die Eiermasse einfließen lassen.

4 Die Sauce kräftig durchrühren und mit Zitronensaft, Salz, Cayennepfeffer und Muskatnuss würzen und abschmecken.

Tipp!

Die Sauce Hollandaise passt hervorragend zu Gemüse, z. B. zu Spargel und Blumenkohl.

Buttersoße / Sauce Béarnaise

Zutaten für ca. 250 ml Sauce:
220 g Butter
2 Schalotten
50 ml Weißweinessig
50 ml Weißwein
10 weiße Pfefferkörner
3 Eigelbe
5 Zweige Estragon
Salz
Cayennepfeffer
Zitronensaft

1 In einem Topf 200 g Butter heiß werden lassen. Wärmezufuhr reduzieren. Mit einer Schöpfkelle immer wieder den Schaum abschöpfen und so die Butter klären. Den Topf vom Herd nehmen und die zerlassene Butter etwas abkühlen lassen.

2 Schalotten schälen und in feine Würfel schneiden. In einem weiteren Topf die restliche Butter heiß werden lassen und die Schalottenwürfel darin glasig andünsten. Mit Weißweinessig und Weißwein ablöschen und einmal aufkochen lassen.

3 Pfefferkörner mit einem großen Küchenmesser oder einem Mörser grob zerstoßen, zur Schalotten-Weißwein-Mischung geben und verrühren. Die Sauce in eine Metallschüssel umfüllen und etwas abkühlen lassen.

4 In einem Topf Wasser heiß werden lassen, aber nicht zum Kochen bringen. Die Sauce in der Metallschüssel über das Wasserbad stellen. Der Boden der Schüssel darf das Wasser nicht berühren. Eigelbe zugeben und mit dem Schneebesen zu einer cremigen Masse aufschlagen.

5 Die geklärte Butter langsam unter ständigem Rühren einfließen lassen. Estragon waschen und trockentupfen. Die Blättchen von den Stielen zupfen, fein hacken und unter die Sauce rühren.

6 Die Sauce Béarnaise mit Salz, Cayennepfeffer und Zitronensaft würzen und abschmecken.

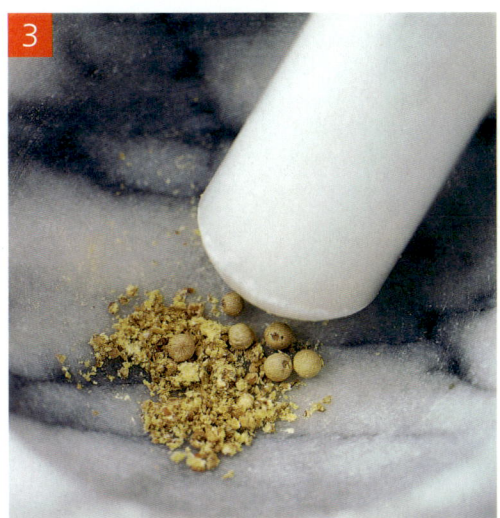

Arrabbiata-Soße

Foto

4 Portionen

Zubereitungszeit:	20 Min.
4 Knoblauchzehen	schälen und in Würfel schneiden.
500 g Tomaten	brühen, häuten, den Blütenansatz entfernen und in Würfel schneiden. Oder 1 Dose (425 ml) geschälte Tomaten in grobe Würfel schneiden.
4 Peperoni, rot	waschen, Kerne und weiße Innenhäute entfernen und klein schneiden.
	In einer Pfanne
6 EL Olivenöl	heiß werden lassen und den Knoblauch darin andünsten. Peperoni und Tomaten zugeben und ca. 5 Min. dünsten. Mit
MAGGI Würzmischung 1	würzen und abschmecken.
1 Stängel Petersilie, glatt	waschen, Blättchen von den Stielen zupfen und klein schneiden. Zur Soße geben.

Servieren Sie die Soße zu Pasta, z. B. Penne Rigate.

MAGGI KOCHSTUDIO
Ernährungsinfo:

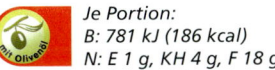

Je Portion:
B: 781 kJ (186 kcal)
N: E 1 g, KH 4 g, F 18 g

Zucchini-Soße

4 Portionen

4 Knoblauchzehen	schälen, in Scheiben schneiden.
4 Zucchini	putzen, waschen und in ca. $1/2$ cm dünne Scheiben schneiden.
4 Tomaten	brühen, häuten, den Blütenansatz entfernen und in Würfel schneiden. In einer Pfanne
4 EL Olivenöl	heiß werden lassen und Knoblauch darin andünsten. Zucchini und Tomaten zugeben und ca. 5 Min. garen.
1 Bund Petersilie	waschen, klein schneiden und in die Soße geben. Mit
MAGGI Würzmischung 1	würzen und abschmecken.

Servieren Sie die Soße zu Pasta.

Tipp: Sie können diese Soße auch mit Auberginen zubereiten. Hier verwendet man anstelle von Petersilie Basilikum.

MAGGI KOCHSTUDIO
Ernährungsinfo:

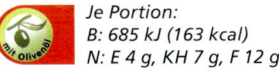

Je Portion:
B: 685 kJ (163 kcal)
N: E 4 g, KH 7 g, F 12 g

Napolitanische Tomatensoße

Zubereitungszeit:	40 Min.
1 Schalotte	schälen und in kleine Würfel schneiden.
1 Knoblauchzehe	schälen und durchpressen. In einem Topf
2 EL THOMY Reines Sonnenblumenöl	heiß werden lassen und beides darin glasig dünsten.
1 EL Mehl	zugeben, unter Rühren kurz andünsten.
1 Dose (425 ml) Tomaten, geschält	zufügen, Tomaten etwas zerdrücken. Mit
1 TL MAGGI Klare Brühe	
1 Prise Pfeffer	
1 TL Oregano	
1 TL Basilikum	und
1 TL Thymian	würzen. Alles 20 Min. kochen lassen. Durch ein Sieb passieren, mit
MAGGI Würzmischung 1	und evtl. mit
1 Prise Zucker	würzen und abschmecken und nochmals heiß werden lassen.

Servieren Sie die Soße zu Nudeln.

MAGGI KOCHSTUDIO Ernährungsinfo:

Je Portion:
B: 519 kJ (124 kcal)
N: E 2 g, KH 8 g, F 8 g

Soße Julienne
Foto oben

1 Bund Suppengrün	putzen, waschen und in feine, dünne Streifen schneiden.
	In einer Pfanne
20 g Butter	heiß werden lassen. Das Gemüse darin 5 Min. dünsten.
¼ l Wasser	zugießen.
1 Lorbeerblatt	zugeben, zum Kochen bringen.
1 Würfel MAGGI Bratensaft	darin auflösen, ca. 10 Min. kochen, bis die Soße sämig wird. Lorbeerblatt herausnehmen, mit
Pfeffer, frisch gemahlen	würzen und abschmecken.

Servieren Sie die Soße Julienne zu Filetsteaks, Rumpsteaks, Leber oder Roastbeef.

MAGGI KOCHSTUDIO Ernährungsinfo:

Je Portion:
B: 232 kJ (55 kcal)
N: E 0 g, KH 1 g, F 5 g

Apfel-Hackbraten-Soße

Foto unten

4 Portionen

Zubereitungszeit:	20 Min.
1 Zwiebel, klein	schälen und in Würfel schneiden.
1 Apfel, klein	waschen, schälen, halbieren, Kerngehäuse entfernen und in Würfel schneiden.
	In einem Topf
1 TL THOMY **Reines Sonnenblumenöl**	heiß werden lassen und die Zwiebel- und Apfelwürfel darin andünsten.
250 ml Wasser	zugießen und erwärmen.
1 Päckchen MAGGI Delikatess Soße zu Hackbraten	mit dem Schneebesen einrühren, zum Kochen bringen und 1 Min. kochen.
	Servieren Sie die Soße zu Hackbraten, Frikadellen oder Bratwurst.

MAGGI KOCHSTUDIO
Ernährungsinfo:

Je Portion:
B: 225 kJ (53 kcal)
N: E 0 g, KH 7 g, F 2 g

Fruchtige Rahmsoße
Foto oben

4 Portionen

Zubereitungszeit:	10 Min.
	In einem Topf
250 ml Wasser	zum Kochen bringen.
1 Päckchen MAGGI	
Delikatess Rahmsoße	
zu Braten	mit dem Schneebesen einrühren und 1 Min. kochen.
1 Orange	mit einem Messer schälen, dabei die weiße Haut entfernen und Spalten aus den Trennhäuten schneiden. Die Spalten halbieren.
5 Weintrauben	waschen, halbieren, evtl. entkernen.

Orangenfilets und Weintrauben zur Soße geben und heiß werden lassen.

Servieren Sie dazu Schweine-medaillons.

MAGGI KOCHSTUDIO
Ernährungsinfo:

Je Portion:
B: 329 kJ (78 kcal)
N: E 1 g, KH 9 g, F 3 g

Calvados-Rahmsoße
Foto unten

4 Portionen

Zubereitungszeit:	10 Min.
	In einem Topf
200 ml Wasser	zum Kochen bringen.
1 Päckchen MAGGI	
Delikatess Rahmsoße zu Braten	mit dem Schneebesen einrühren und 1 Min. kochen.
50 ml Sahne, süß	und
1 EL Calvados	unterrühren und heiß werden lassen.

Servieren Sie die Soße zu Schweine-medaillons.

MAGGI KOCHSTUDIO
Ernährungsinfo:

Je Portion:
B: 398 kJ (95 kcal)
N: E 1 g, KH 4 g, F 7 g

Apfel-Zwiebel-Soße

4 Portionen

Zubereitungszeit:	15 Min.
1 Apfel	waschen, schälen, halbieren, Kern-gehäuse entfernen und in Würfel schneiden.
	In einem Topf
1 TL Butter	heiß werden lassen.
1 EL Mandelblättchen	und die Apfelwürfel andünsten.
250 ml Wasser	zugießen und zum Kochen bringen.
1 Päckchen MAGGI	
Delikatess Zwiebelsoße	mit dem Schneebesen einrühren, zum Kochen bringen und bei geringer Wärmezufuhr 7 Min. kochen. Dabei gelegentlich umrühren.

Servieren Sie die Soße zu Bratwurst oder Schweinemedaillons.

MAGGI KOCHSTUDIO
Ernährungsinfo:

Je Portion:
B: 254 kJ (60 kcal)
N: E 1 g, KH 6 g, F 3 g

Pikante Gurkensoße

4 Portionen

¹/₂ **Bund Frühlingszwiebeln**	putzen, waschen und in feine Ringe schneiden.
1 **Salatgurke**	putzen, waschen, schälen, der Länge nach halbieren, in Stücke schneiden. In einem Topf
10 g **Butter/Margarine**	heiß werden lassen. Gemüse darin andünsten.
2 TL **MAGGI Klare Brühe**	zugeben und
¹/₈ **l Wasser**	zugießen, aufkochen und weitere 10 Min. kochen. Abkühlen lassen und im Mixer pürieren.
1 Becher (200 g) **Sahne, sauer**	unterrühren.
100 ml **Sekt**	
oder **Weißwein**	zugießen und alles mit
1 TL **Dill**	würzen und abschmecken.

Servieren Sie die Soße zu Bratkartoffeln, kaltem Braten oder gekochten
Eiern.

MAGGI KOCHSTUDIO
Ernährungsinfo:

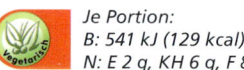

Je Portion:
B: 541 kJ (129 kcal)
N: E 2 g, KH 6 g, F 8 g

Curry-Ananas-Soße

4 Portionen

Zubereitungszeit:	15 Min.
2 EL Cashewkerne	im Blitzhacker hacken. In einem kleinen Topf ohne Fett rösten.
1 Dose (165 ml) Kokosmilch	und
100 ml Wasser	zugießen und erwärmen.
1 Beutel MAGGI Meisterklasse Zubereitung für Curry-Rahmsauce	mit dem Schneebesen einrühren, zum Kochen bringen und 1 Min. kochen.
1 Dose (236 ml) LIBBY'S Ananas in Scheiben	abtropfen lassen, in Stücke schneiden, zufügen und heiß werden lassen.

Servieren Sie die Soße zu Hähnchen- oder Putenbrustfilet.

MAGGI KOCHSTUDIO
Ernährungsinfo:

Je Portion:
B: 676 kJ (161 kcal)
N: E 2 g, KH 13 g, F 10 g

Champignonsoße mit Frischkäse und Tomaten
Foto

4 Portionen

Zubereitungszeit:	20 Min.
5 Tomaten in Öl	in Würfel schneiden.
	In einem Topf
200 ml Wasser	heiß werden lassen.
1 Beutel MAGGI Meisterklasse Zubereitung für Champignon-Rahmsauce	einrühren und zum Kochen bringen. Bei geringer Wärmezufuhr 1 Min. kochen.
2 EL Frischkäse	zufügen und unterrühren. Die Tomatenwürfel zugeben und heiß werden lassen.

Servieren Sie die Sauce zu gebratener Hähnchenbrust, Steaks, Frikadellen oder Pasta.

MAGGI KOCHSTUDIO
Ernährungsinfo:

Je Portion:
B: 672 kJ (160 kcal)
N: E 6 g, KH 21 g, F 6 g

Holländische Pilzsoße

Zubereitungszeit:	15 Min.
100 g Champignons	putzen und in Scheiben schneiden.
10 g Butter/Margarine	In einer Pfanne heiß werden lassen, die Champignons darin 5 Min. dünsten.
¼ l Wasser	zugießen, zum Kochen bringen.
1 Päckchen MAGGI Delikatess Feine helle Soße Holländische Art	einrühren. Unter Rühren aufkochen und mit
1 TL Zitronensaft	würzen und abschmecken.

Servieren Sie diese Soße zu Geflügel, Kalb-, Schweinefleisch und Fisch.

MAGGI KOCHSTUDIO
Ernährungsinfo:
Je Portion:
B: 284 kJ (67 kcal)
N: E 2 g, KH 5 g, F 4 g

Kräuter-Orangen-Soße
Foto

Zubereitungszeit:	15 Min.
1 Orange	heiß abwaschen, etwas Schale mit einem Zestenreißer in feinen Streifen abziehen. Die Orange mit einem Messer schälen, dabei die weiße Haut entfernen und Spalten aus den Trennhäuten schneiden. Die Spalten in Würfel schneiden.
200 ml Wasser	In einem Topf zum Kochen bringen.
1 Päckchen MAGGI Delikatess Kräutersoße	mit dem Schneebesen einrühren und 1 Min. kochen. Von der Kochstelle nehmen und
2 EL Schmand	unterrühren. Die Orangenwürfel zufügen und heiß werden lassen. Mit
2 EL Schnittlauchröllchen	garniert servieren.

Servieren Sie die Soße zu gebratenen Fischfilets oder gekochtem Tafelspitz.

MAGGI KOCHSTUDIO
Ernährungsinfo:
Je Portion:
B: 307 kJ (73 kcal)
N: E 1 g, KH 8 g, F 3 g

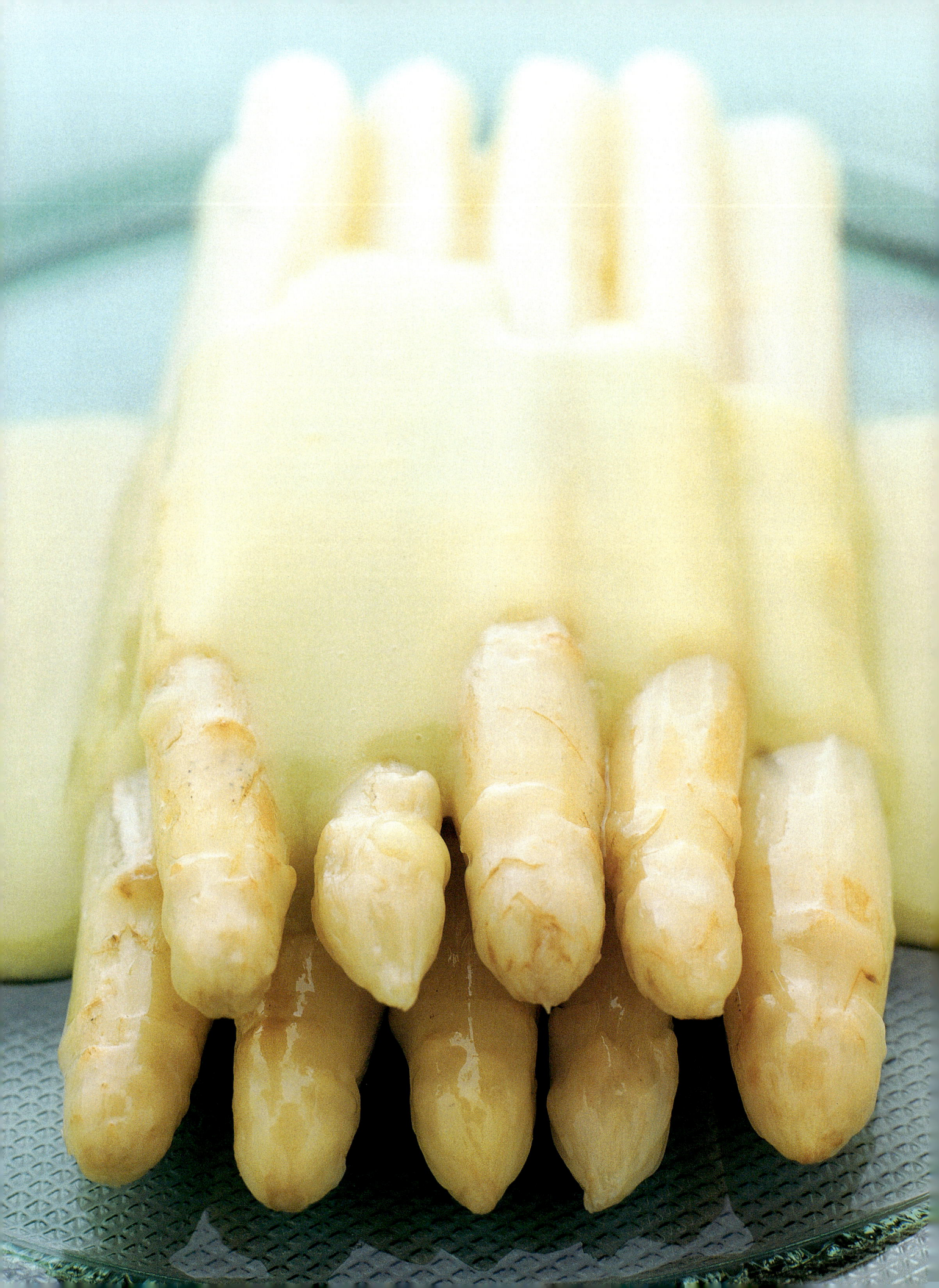

Avocado-Schaum
Foto

4 Portionen

Zubereitungszeit:	15 Min.
1 Beutel MAGGI Meisterklasse Zubereitung für Sauce Hollandaise	mit dem Schneebesen in
⅛ l (125 ml) Wasser, kalt	einrühren. Unter Rühren zum Kochen bringen.
60 g Butter	in Stücke schneiden und bei geringer Wärmezufuhr gut unterschlagen, bis sie geschmolzen ist. Topf sofort von der Kochstelle nehmen.
1 Avocado	halbieren, den Kern entfernen und schälen.
2 EL Zitronensaft	zugießen und beides mit dem Schneidstab pürieren. Zur Sauce geben und heiß werden lassen.

Servieren Sie die Sauce zu Spargel.

MAGGI KOCHSTUDIO Ernährungsinfo:
Je Portion:
B: 1094 kJ (261 kcal)
N: E 3 g, KH 2 g, F 26 g

Limetten-Lachs-Soße

4 Portionen

Zubereitungszeit:	15 Min.
50 g Räucherlachs	in kleine Würfel schneiden. In einem Topf
125 ml Wasser	und
125 ml Milch	erwärmen.
1 Päckchen MAGGI Helle Soße	mit dem Schneebesen einrühren und aufkochen. Den Lachs und
1 EL Limettensaft	zufügen und heiß werden lassen.

Servieren Sie die Soße zu Nudeln.

MAGGI KOCHSTUDIO Ernährungsinfo:
Je Portion:
B: 373 kJ (89 kcal)
N: E 5 g, KH 6 g, F 4 g

Feine Rieslingsoße

10 Portionen

2 Schalotten	schälen und in kleine Würfel schneiden. In einem Topf
20 g Butter	heiß werden lassen und die Schalotten darin andünsten.
400 ml Weißwein, Riesling	und
450 ml Sahne, süß	zugießen und zum Kochen bringen. Mit
3 EL MAGGI Soßenbinder für helle Soßen	binden.
3 EL Crème fraîche Fondor	unterrühren und mit
1 TL Zucker	und
1 Spritzer Zitronensaft	würzen und abschmecken.

Servieren Sie die Rieslingsoße zu Fischgerichten, z. B. zum Rezept »Pochierter Schellfisch« (s. Seite 151).

MAGGI KOCHSTUDIO
Ernährungsinfo:

Je Portion:
B: 922 kJ (220 kcal)
N: E 1 g, KH 6 g, F 17 g

Senf-Sabayon
Foto

6 Portionen

4 Eigelb	mit
5 EL Weißwein	und
4 EL Fischfond	in einer Schüssel in heißem Wasserbad aufschlagen, bis sie dickflüssig ist. Schüssel vom Wasserbad nehmen und noch kurz weiterschlagen.
60 g Butter	in einem Topf schmelzen, abkühlen und unterrühren. Langsam in die Masse einlaufen lassen.
1 EL Senf, grobkörnig	zufügen, mit
MAGGI Würzmischung 1	würzen und mit
1 TL Dill	garniert servieren.

Servieren Sie die Soße zu Graved-Lachs (s. Seite 141).

Hinweis: Sie können die Sauce mit hausgemachter Fischbrühe (s. Seite 40) herstellen.

MAGGI KOCHSTUDIO
Ernährungsinfo:

Je Portion:
B: 673 kJ (160 kcal)
N: E 3 g, KH 0 g, F 14 g

Mornay Soße

4 Portionen

Zubereitungszeit:	10 Min.
	In einem Topf
¹/₈ l Wasser	und
¹/₈ l Milch	zum Kochen bringen.
1 Schächtelchen MAGGI	
Helle Soße	einrühren, unter Rühren aufkochen.
1 Stängel Dill	waschen, Blättchen von den Stielen zupfen, klein schneiden und zugeben.
100 g Blauschimmelkäse	zerbröckeln, in die Soße geben und schmelzen lassen.

Servieren Sie die Mornay Soße zu Geflügel, Schweine-, Kalbfleisch und Fisch.

MAGGI KOCHSTUDIO
Ernährungsinfo:

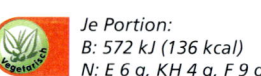

Je Portion:
B: 572 kJ (136 kcal)
N: E 6 g, KH 4 g, F 9 g

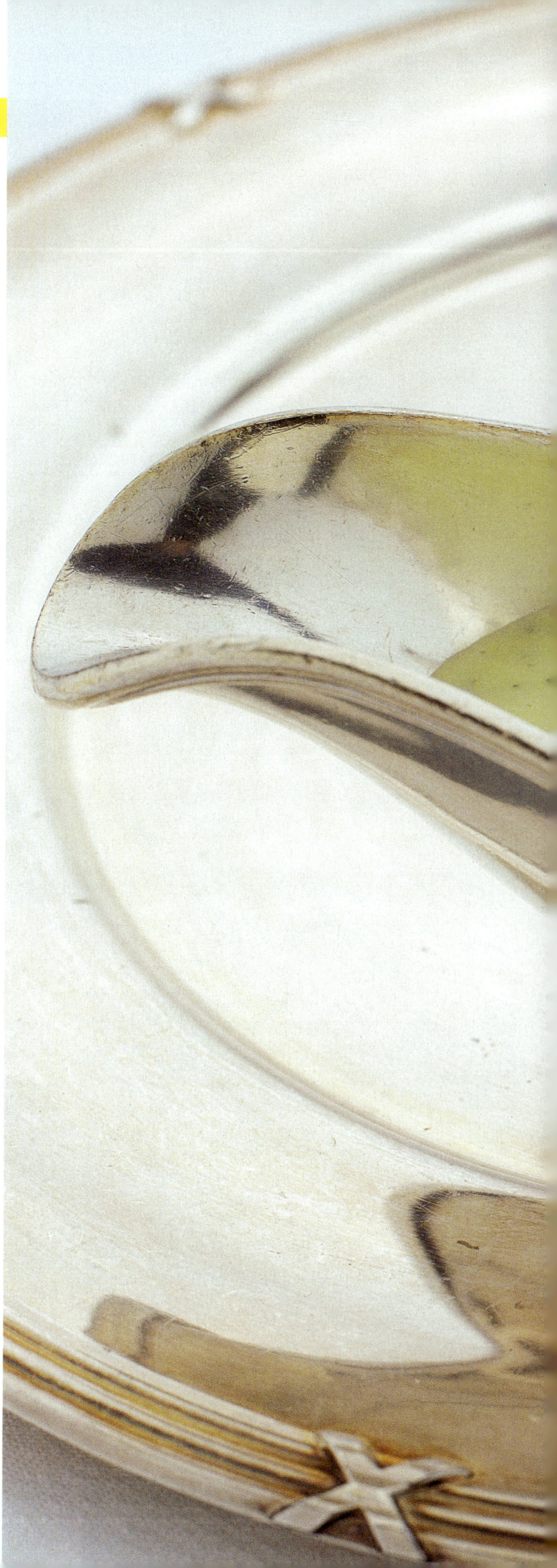

Rund ums Ei

Was Sie wissen sollten!

 **Wussten Sie, dass …**

… ein Hühnerei bis zu 70 % aus Wasser besteht?

Ansonsten enthält es viel hochwertiges Eiweiß, das für eine ausgewogene Ernährung wichtig ist.

Das Vitamin A im Ei ist gut für die Augen, das Cholesterin erfüllt u. a. wichtige Funktionen in den Körperzellen.

Menschen, die zu einem erhöhten Cholesterinspiegel neigen, sollten pro Woche nicht mehr als 2 bis 3 Eier verzehren.

 **Einkauf und Lagerung:**

Achten Sie beim Einkauf auf das Haltbarkeitsdatum und kaufen Sie nur unbeschädigte Eier. Angeschlagene Eier sollten Sie sofort verbrauchen.

Bewahren Sie Eier immer im Kühlschrank auf, sie halten sich dann 3 bis 4 Wochen. Wenn Eier unsachgemäß gelagert werden, kann es zu Salmonellen-Infektionen kommen.

Lassen Sie die Eier am besten im Karton und legen Sie sie nicht neben intensiv riechende Lebensmittel. Über die dünne Schale nehmen sie leicht Fremdgerüche an.

 **Zubereitung:**

Eier lassen sich sehr vielseitig zubereiten. Sie können gekocht, gebraten und pochiert werden. Beliebt sind sie auch als Rührei oder als süße oder herzhafte Omeletts.

Rohe Eier werden gern für Süßspeisen und zum Binden von Soßen verwendet. Aufgeschlagenes Eiweiß (Eischnee) macht die Speisen locker. Wichtig: Wenn Sie Eier roh verwenden, müssen sie ganz frisch sein.

 **Wie erkenne ich, dass ein Ei frisch ist?**

Je länger ein Ei liegt, desto mehr Luft sammelt sich unter der Schale. Machen Sie den Frischetest, indem Sie das Ei in kaltes Wasser legen:
- ein frisches Ei sinkt sofort zu Boden
- ein etwa sieben Tage altes Ei steigt mit der stumpfen Seite leicht nach oben
- ein zwei bis drei Wochen altes Ei steht mit der stumpfen Seite nach oben senkrecht im Wasser

 Gewichtsklassen von Hühnereiern:

Hühnereier sind in folgenden Gewichtsklassen im Handel:

Kurzbezeichnung	Bedeutung	Gewicht (in Gramm)
S	klein	bis 52
M	mittel	53–62
L	groß	63–72
XL	sehr groß	über 72

Am gängigsten sind Eier der Handelsklasse M. Auch die Angaben in den Rezepten beziehen sich auf diese Größe.

Gekochtes Ei

Zutaten für 1 Portion:
1 Ei (Gewichtsklasse M)
Wasser

1 In einem Topf so viel Wasser zum Kochen bringen, dass das Ei später ganz bedeckt ist. Das Ei auf der stumpfen Seite vorsichtig mit einer Nadel oder einem Eierpieker anstechen, damit es beim Kochen nicht platzt.

2 Das Ei ins kochende Wasser geben und 5 Min. zugedeckt kochen lassen.

3 Das gekochte Ei unter fließendem kalten Wasser abschrecken, damit es nicht weitergart. Das Ei lässt sich danach auch besser schälen.

Spiegelei

Zutaten für 1 Portion:
1 Ei
1 TL THOMY Reines Sonnenblumenöl
Salz und Pfeffer aus der Mühle

1 Das Ei in einer Tasse aufschlagen.
Ein überlagertes Ei kann somit aussortiert
werden.

2 In einer beschichteten Pfanne THOMY
Reines Sonnenblumenöl heiß werden lassen.
Das Ei vorsichtig ins heiße Öl gleiten lassen
und bei geringer Wärmezufuhr langsam
braten.

3 Das Spiegelei ist fertig gebraten, wenn
das Eiweiß gestockt ist. Das Spiegelei mit Salz
und Pfeffer würzen und mit einem Pfannenwender aus der Pfanne heben.

Tipp!

**Falls Sie das Eigelb durchgegart
bevorzugen, wenden Sie das
Spiegelei mit einem Pfannenwender
und braten es kurz bei ausgeschal-
teter Kochstelle auf der Dotterseite
weiter.**

Rührei

Zutaten für 2 Portionen:
4 Eier
50 ml Mineralwasser mit Kohlensäure
Salz und Pfeffer aus der Mühle
1 EL THOMY Reines Sonnenblumenöl

1 Die Eier einzeln nacheinander in einer Tasse aufschlagen. Eier, die überlagert sind, können damit aussortiert werden. Anschließend in eine Schüssel geben und verquirlen. Mineralwasser zugießen und verrühren. Durch die Zugabe von Mineralwasser wird das Rührei schön locker. Mit Salz und Pfeffer würzen.

2 In einer beschichteten Pfanne THOMY Reines Sonnenblumenöl heiß werden lassen. Die Ei-Masse in die Pfanne gießen und bei geringer Wärmezufuhr stocken lassen.

3 Das gestockte Ei mit einem Pfannenwender in regelmäßigen Abständen vom Rand zur Mitte schieben. Das Rührei ist fertig, wenn alles flüssige Ei gestockt ist und noch einen leichten Glanz hat.

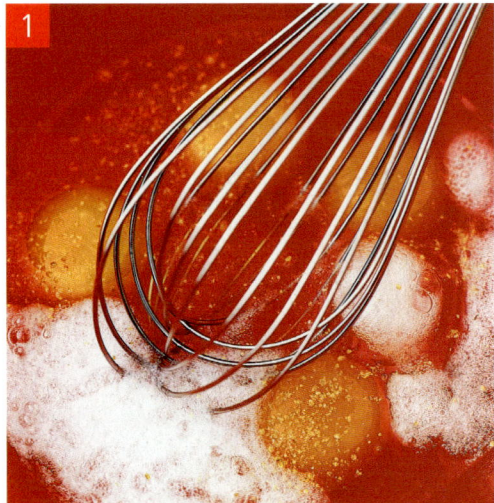

Tipp!

Variieren Sie das Rührei mit Gewürzen, wie z. B. Paprika edelsüß und Muskatnuss oder frisch gehackten Kräutern wie z. B. Schnittlauch und Petersilie.

Omelette

Zutaten für 2 Portionen:
4 Eier
50 ml Sahne, süß
Salz und Pfeffer aus der Mühle
Muskatnuss
20 g Butter

1 Die Eier einzeln nacheinander in einer Tasse aufschlagen. Eier, die überlagert sind, können damit aussortiert werden. Anschließend in eine Schüssel geben und mit der Sahne verquirlen. Mit Salz, Pfeffer und Muskatnuss würzen.

2 In einer beschichteten Pfanne Butter heiß werden lassen. Die Ei-Masse in die Pfanne gießen und bei geringer Wärmezufuhr zugedeckt ca. 10 Min. stocken lassen.

3 Den Deckel abnehmen und das Omelette ca. 2 Min. ruhen lassen. Das Omelette mit einem Pfannenwender aus der Pfanne nehmen und servieren.

Tipp!

Sie können die Omelettes sowohl süß als auch herzhaft servieren. Streichen Sie für die süße Variante z. B. etwas Marmelade auf das Omelette oder füllen Sie es mit Obst. Herzhafte Omelettes sind mit Gemüse oder gebratenen Pilzen ein Genuss. Nach dem Füllen eine Hälfte des Omelettes über die andere schlagen. Für ein Schaum-Omelette verwenden Sie für den Teig nur das Eigelb. Das Eiweiß zu Eischnee steif schlagen und vorsichtig unter den Teig ziehen.

Pochiertes Ei

Zutaten für 1 Portion:
1 l Wasser
3 EL Essig
1 Ei

1 In einem Topf Wasser aufkochen lassen. Essig zugießen. Kein Salz verwenden, es greift das Eiweiß an. Das Ei sehr vorsichtig in einer Tasse aufschlagen, sodass das Eigelb unversehrt bleibt.

2 Die Wärmezufuhr so regulieren, dass das Wasser siedet, aber nicht kocht. Das Ei aus der Tasse ins Wasser gleiten und ca. 4 Min. garziehen lassen. Das Eiweiß während des Pochierens mit einem Löffel immer wieder über das Eigelb ziehen.

3 Das Ei mit einem Schaumlöffel aus dem Wasser nehmen, kurz auf einem Küchenpapier abtropfen lassen und servieren.

Eierpfannkuchen

Zutaten für 4 Pfannkuchen:
125 g Mehl
40 g Zucker
1 Prise Salz
3 Eier
250 ml Milch
ca. 4 TL THOMY Reines Sonnenblumenöl

1 In eine Schüssel Mehl, Zucker und Salz geben. In der Mitte eine Mulde formen und die Eier darüber aufschlagen. Milch in die Mulde gießen.

2 Mit dem Handrührgerät alles kräftig zu einem glatten Teig verrühren.

3 In einer beschichteten Pfanne 1 TL THOMY Reines Sonnenblumenöl heiß werden lassen. Mit einer Schöpfkelle etwas Teig in die Pfanne gießen, sodass der Pfannenboden bedeckt ist.

4 Bei geringer Wärmezufuhr Pfannkuchen von einer Seite goldbraun backen. Mit einem Pfannenwender den Pfannkuchen wenden und ebenfalls goldbraun backen.

5 Vorgang wiederholen, bis der Teig aufgebraucht ist, dabei zu Beginn immer 1 TL THOMY Reines Sonnenblumenöl in der Pfanne heiß werden lassen. Falls Pfannkuchenreste haften bleiben, können Sie die Pfanne kurz vom Herd nehmen und vorsichtig mit Küchenpapier auswischen. Die fertigen Eierpfannkuchen servieren.

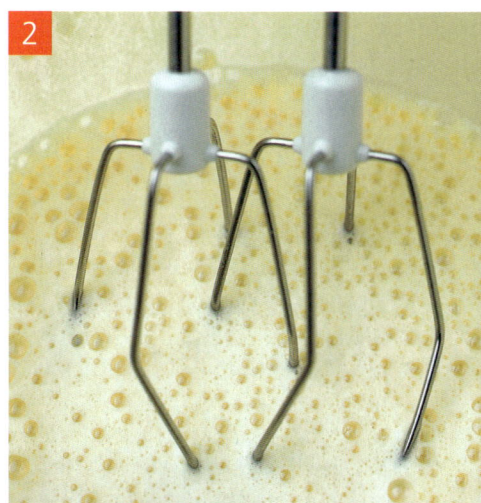

Tipp!

Sie können die Pfannkuchen im Backofen bei 50 °C warm halten.

Sie können Eierpfannkuchen sowohl süß als auch herzhaft servieren. Für eine herzhafte Füllung verwenden Sie 1 TL Salz und keinen Zucker.

Eierstich

**Zutaten (als Suppeneinlage
für ca. 8 Portionen):**
4 Eier
100 ml Milch
Salz und Pfeffer aus der Mühle
Muskatnuss

1 Backofen auf 160 °C vorheizen. Eier und
Milch in eine Schüssel geben und mit einem
Schneebesen verrühren, aber nicht schaumig
aufschlagen. Mit Salz, Pfeffer und Muskatnuss würzen.

2 Die Ei-Masse in eine feuerfeste Form
gießen. Die Fettpfanne des Backofens mit
kochendem Wasser füllen und die Form
hineinstellen. Das Wasserbad sollte so hoch
sein, dass die Form zur Hälfte im Wasser
steht. Das Blech mit der Form in den Backofen stellen und die Ei-Masse ca. 45 Min.
stocken lassen.

3 Die Form aus dem Wasserbad nehmen.
Den Eierstich vorsichtig mit einem Messer
vom Rand der Form lösen und auf ein
Küchenbrett stürzen.

4 Den Eierstich in Würfel oder Streifen
schneiden.

Tipp!

**Diese Einlage für Bouillons und
Suppen können Sie auch mit Kräutern
und Gewürzen variieren.**

**Sie können den Eierstich in einer
Vorratsdose ca. 5 Tage im Kühlschrank
aufbewahren.**

Flädle

**Zutaten (als Suppeneinlage
für ca. 8 Portionen):**
3 Eier
125 g Mehl
250 ml Milch
1 Prise Salz
$\frac{1}{2}$ Bund Petersilie
ca. 1 EL THOMY Reines Sonnenblumenöl

1 Die Eier einzeln nacheinander in einer
Tasse aufschlagen. Eier, die überlagert sind,
können damit aussortiert werden. Eier in
eine Schüssel geben und verrühren. Mehl
nach und nach zugeben und mit dem Schneebesen verrühren. Milch und Salz zugeben
und zu einem glatten Teig verrühren.

2 Petersilie waschen, trockentupfen, Blättchen von den Stielen zupfen, fein hacken
und locker unter die Ei-Masse rühren.

3 Eine beschichtete Pfanne mit THOMY
Reines Sonnenblumenöl einpinseln und heiß
werden lassen. Mit einer Schöpfkelle etwas
Teig in die Pfanne gießen, sodass der
Pfannenboden bedeckt ist. Teig von beiden
Seiten goldbraun backen und mit einem
Pfannenwender herausheben. Wieder die
Pfanne mit Öl einpinseln und Teig ausbacken.
So lange wiederholen, bis der Teig aufge-
braucht ist.

4 Die Pfannkuchen auskühlen lassen.
Danach einrollen und quer in feine
Streifen – die Flädle – schneiden.

Tipp!

**Wer die Flädle lieber etwas würziger
mag, kann die Petersilie auch durch
Schnittlauch ersetzen.**

Zabaione

Zutaten für 4 Portionen:
4 Eigelbe
100 g Puderzucker
100 ml Marsala
1 Messerspitze abgeriebene Zitronenschale

1 Eigelbe, Puderzucker, Marsala und Zitronenschale in eine Metallschüssel geben und mit einem Schneebesen zu einer glatten Masse verrühren. Eine weitere Schüssel mit Eiswasser füllen.

2 In einem Topf Wasser zum Kochen bringen. Die Ei-Masse in der Metallschüssel über das Wasserbad stellen. Der Boden der Schüssel darf das Wasser nicht berühren. Die Ei-Masse cremig aufschlagen, bis sich das Volumen ungefähr verdoppelt hat.

3 Die aufgeschlagene Crème vom heißen Wasserbad herunternehmen und über das Eiswasser stellen. Die Crème mit einem Schneebesen über dem Eiswasser rühren, bis sie wieder abgekühlt ist.

4 Die Zabaione auf Gläser verteilen und sofort servieren.

Quiche Lorraine

Zutaten für 1 runde Kuchenform ⌀ 26 cm:
Für den Teig
250 g Mehl
200 g Butter
2 Eier
1 Prise Salz

Für den Belag
150 g geräucherter durchwachsener Speck
100 g geriebener Käse (z. B. Edamer)
3 Eier
250 ml Milch
Salz und Pfeffer aus der Mühle

1 Mehl, Butter, Eier und Salz in eine Schüssel geben und mit dem Knethaken des Handrührgerätes zu einem glatten Teig kneten. 30 Min. ruhen lassen.

2 Den Teig zu einem Kreis mit etwa 28 cm Durchmesser ausrollen. Eine runde Kuchenform mit Butter einstreichen und mit dem Teig auskleiden. Dabei den Teig am Rand der Kuchenform hochziehen. Backofen auf 180 °C vorheizen.

3 Den geräucherten, durchwachsenen Speck in feine Würfel schneiden und mit dem Käse auf dem Teig verteilen.

4 Für den Belag Eier und Milch verquirlen und mit Salz und Pfeffer würzen.

5 Die Eier-Milch-Masse über die Speckwürfel und den Käse gießen und die Quiche ca. 45 Min. im Backofen backen.

6 Die Quiche ist fertig, wenn der Käse verlaufen und leicht angebräunt ist. Die Quiche aus dem Backofen nehmen, 10 Min. ruhen lassen. Aufschneiden und warm servieren.

Eiersalat tricolore

6 Portionen

Zubereitungszeit:	45 Min.
6 Eier	hart kochen, pellen und mit dem Eierschneider in Scheiben schneiden.
300 g Hähnchenbrustfilet	waschen, trockentupfen und mit
MAGGI Würzmischung 3	würzen.
	In einer Pfanne
1 EL THOMY	
Reines Sonnenblumenöl	heiß werden lassen und das Fleisch von beiden Seiten in ca. 10 Min. braun braten. Das Fleisch abkühlen lassen und in Streifen schneiden.
100 g Erbsen, tiefgefroren	auftauen lassen.
1 Dose (150 g) Mais	abtropfen lassen.
2 Möhren, klein	putzen, waschen, schälen und in kleine Würfel schneiden.
1 Glas (250 ml) THOMY	
Gourmet-Remoulade	mit
50 ml Milch	verrühren. Die Salatzutaten mit der Soße mischen. Mit
MAGGI Würzmischung 1	würzen und abschmecken.

MAGGI KOCHSTUDIO
Ernährungsinfo:

Je Portion:
B: 1864 kJ (445 kcal)
N: E 22 g, KH 12 g, F 34 g

Napolitanische Eier
Foto oben

6 Portionen

Zubereitungszeit:	20 Min.
3 Eier	hart kochen, pellen und der Länge nach halbieren.
1 Ei	mit
¹/₈ l Milch	
1 TL Curry	und
1 Prise Salz	verrühren.
6 Scheiben Weißbrot,	
altbacken	in der Eimilch wenden.
	In einer Pfanne
40 g Butter oder Margarine	heiß werden lassen, die Brote darin von beiden Seiten braten und auf Tellern anrichten, mit den halbierten Eiern belegen.
	In einem Topf
¹/₄ l Wasser	mit
1 EL Olivenöl	erwärmen.
1 Beutel MAGGI Fix	
für Spaghetti Napoli	einrühren, zum Kochen bringen, 1 Min. kochen und über die Brote verteilen. Mit
1 EL Petersilie, gehackt	garniert servieren.

Servieren Sie dazu einen Blattsalat.

MAGGI KOCHSTUDIO
Ernährungsinfo:

Je Portion:
B: 1103 kJ (263 kcal)
N: E 9 g, KH 24 g, F 14 g

Ciabatta »Bavaria«
Foto unten

4 Portionen

Zubereitungszeit:	25 Min.
1 Ciabatta zum Aufbacken	nach Anweisung auf der Packung aufbacken, in 2 gleich große Teile schneiden und der Länge nach halbieren. Die Schnittflächen mit
8 EL THOMY Snack Creme Tomate-Kräuter	bestreichen.
	In einer Pfanne
1 EL THOMY Reines Sonnenblumenöl	heiß werden lassen.
4 Scheiben (à 40 g) Fleischkäse	darin von beiden Seiten ca. 1 Min. braten. Aus der Pfanne nehmen und warm stellen. Im Bratfett
4 Eier	als Spiegeleier braten. Auf jedes Ciabattaviertel jeweils eine Scheibe Fleischkäse und 1 Spiegelei legen. Mit
1 TL Basilikum, gehackt	garniert servieren.

MAGGI KOCHSTUDIO
Ernährungsinfo:

Je Portion:
B: 2280 kJ (544 kcal)
N: E 18 g, KH 43 g, F 32 g

Krabbenrührei auf Toast

4 Portionen

Zubereitungszeit:	15 Min.
150 g Krabben, tiefgefroren	auftauen lassen.
1 Zwiebel	schälen und in feine Würfel schneiden.
20 g Butter/Margarine	In einer Pfanne heiß werden lassen und die Zwiebel darin dünsten. Krabben zugeben und mitdünsten.
8 Eier	und
8 EL Wasser	verrühren.
2 TL Kräuter Fondor	zugeben, über die Krabben gießen und stocken lassen, dabei gelegentlich umrühren.
4 Scheiben Toastbrot	toasten,
4 Salatblätter	putzen, waschen und das Toastbrot damit belegen. Krabbenrührei darauf verteilen und mit
1 TL Petersilie, frisch gehackt	garniert servieren.

MAGGI KOCHSTUDIO
Ernährungsinfo:

Je Portion:
B: 1480 kJ (353 kcal)
N: E 25 g, KH 16 g, F 20 g

Buntes Rührei
auf Toast

4 Portionen

Zubereitungszeit:	20 Min.
	In einer Schüssel
8 Eier	mit
4 EL Wasser	verrühren und mit
Fondor	würzen.
2 Tomaten	brühen, häuten, den Blütenansatz entfernen und in kleine Würfel schneiden.
1 Dose (210 ml) Champignons	abtropfen lassen, Champignons in Scheiben schneiden und mit den Tomatenwürfeln unter die Eiermasse geben.
	In einer Pfanne
20 g Butter	heiß werden lassen. Die Eiermasse zufügen und stocken lassen, bis die Masse cremig und dickflockig ist.
4 Scheiben Weißbrot	toasten, das Rührei darauf verteilen und mit
1 TL Petersilie, gehackt	garniert servieren.

MAGGI KOCHSTUDIO
Ernährungsinfo:

Je Portion:
B: 1393 kJ (332 kcal)
N: E 20 g, KH 20 g, F 18 g

Spargel-Omelette
Foto oben

2 Portionen

Zubereitungszeit:	50 Min.
500 g Spargel, weiß	waschen, schälen und in ca. 2 cm lange Stücke schneiden.
	In einem Topf
2 l Wasser	mit
1 Prise Fondor	und
1 Prise Zucker	zum Kochen bringen.
1 TL Butter	und Spargel zugeben und ca. 20 Min. kochen. Herausnehmen und abtropfen lassen.
	In einem Topf
1/8 l Spargelwasser	erwärmen.
1 Beutel MAGGI Meisterklasse Zubereitung für Sauce Hollandaise	einrühren und unter Rühren zum Kochen bringen.
125 g Butter	in Stücke schneiden und gut unterschlagen, bis sie geschmolzen ist.
100 g Schinken, gekocht	in Würfel schneiden und mit dem Spargel unter die Sauce geben. Für das Omelette:
2 Eiweiß	mit
1 Prise Salz	steifschlagen.
2 Eigelb	
2 EL Mehl	und
1 Prise MAGGI Würzmischung 2	zugeben und unter den Eischnee heben.
	In einer Pfanne
10 g Butter	heiß werden lassen, Eimasse zugeben. Die Omelettemasse zugeben, zudecken und bei geringer Wärmezufuhr in ca. 10 Min. stocken lassen. Das Omelette mit dem Spargelgemüse füllen und übereinander schlagen.
1 Bund Petersilie	waschen, Blättchen von den Stielen zupfen, klein schneiden und darüberstreuen.

Servieren Sie dazu einen feinen Blattsalat.

MAGGI KOCHSTUDIO
Ernährungsinfo:

Je Portion:
B: 3978 kJ (950 kcal)
N: E 38 g, KH 25 g, F 75 g

Bauernomelette

Foto unten

3 Portionen

Zubereitungszeit:	40 Min.
3 Kartoffeln	waschen, ca. 20 Min. in der Schale kochen, pellen und in Würfel schneiden.
1 Zwiebel, klein	schälen und in Würfel schneiden.
3 Tomaten	waschen, häuten, den Blütenansatz entfernen und in Würfel schneiden. Einige Tomatenwürfel für die Dekoration zurückbehalten.
2 Scheiben HERTA Breakfast Bacon	in Streifen schneiden.
6 Eier	mit
1/8 l Milch	verquirlen, mit
Pfeffer	und
4 TL Kräuter Fondor	würzen. In einer Pfanne
2 EL THOMY Reines Sonnenblumenöl	erhitzen und den Breakfast Bacon ca. 1 Min. darin anbraten. Nacheinander die Zwiebel, Kartoffeln und Tomaten zugeben und ca. 5 Min. dünsten. Eimasse darübergeben, stocken lassen, einmal wenden und fertig garen.

Das Bauernomelette auf Teller verteilen und mit den restlichen Tomatenwürfeln garniert servieren.

Servieren Sie dazu einen Blattsalat.

MAGGI KOCHSTUDIO
Ernährungsinfo:

Je Portion:
B: 1843 kJ (440 kcal)
N: E 22 g, KH 20 g, F 29 g

Kartoffel-Gemüseomelette

4 Portionen

Zubereitungszeit:	30 Min.
4 Kartoffeln	waschen, schälen und in kleine Würfel schneiden.
4 Zucchini, klein	putzen, waschen und in Stifte schneiden.
1 Bund Frühlingszwiebeln	putzen, waschen und in Ringe schneiden.
4 Paprikaschoten, rot	putzen, waschen, Kerne und weiße Innenhäute entfernen und in kleine Würfel schneiden.
4 Tomaten	waschen, den Blütenansatz entfernen und in kleine Würfel schneiden. In einer Pfanne
2 EL THOMY Reines Sonnenblumenöl	heiß werden lassen und die Kartoffelwürfel darin andünsten, restliches Gemüse zugeben und mitdünsten.
⅛ l Wasser	zum Gemüse geben.
4 TL MAGGI Klare Gemüsebrühe	darin auflösen und ca. 5 Min. dünsten.
8 Eier	mit
⅛ l Mineralwasser	verquirlen.
1 Bund Petersilie	waschen, klein schneiden und unter die Eimasse rühren. Mit
Pfeffer a. d. Mühle	würzen. Eimasse über das Gemüse geben und bei geringer Wärmezufuhr ca. 10 Min. stocken lassen.

Servieren Sie dazu Bauernbrot.

Pochierte Eier auf Tomaten
Foto

3 Portionen

Zubereitungszeit:	25 Min.
1 Becher (150 g) Crème fraîche	mit
2 TL MAGGI Würzmischung 8	
1 Prise Zucker	und
1 TL Senf	verrühren.
1 l Wasser	in einem Topf zum Kochen bringen.
2 EL Essig	zugeben.
6 Eier	einzeln in eine Tasse aufschlagen, vorsichtig in das Wasser gleiten lassen. Ca. 4 Min. stocken lassen. Mit einem Schaumlöffel herausheben und warm stellen.
2 Fleischtomaten	waschen, den Blütenansatz entfernen und in 6 Scheiben schneiden. Auf Tellern verteilen und mit
Kräuter Fondor	würzen. Je 1 Ei auf eine Tomatenscheibe setzen. Die Sauce darüber verteilen und mit
Petersilie, gehackt	garniert servieren.

Servieren Sie dazu Baguette.

MAGGI KOCHSTUDIO Ernährungsinfo:  *Je Portion:*
B: 1774 kJ (424 kcal)
N: E 24 g, KH 29 g, F 22 g

MAGGI KOCHSTUDIO Ernährungsinfo: 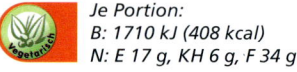 *Je Portion:*
B: 1710 kJ (408 kcal)
N: E 17 g, KH 6 g, F 34 g

Crespelle mit Spinat
Foto

4 Stück

Zubereitungszeit:	45 Min.

Backofen auf 200 °C vorheizen.

120 g Mehl	mit
1 Prise Salz	
1 Prise Zucker	und
300 ml Wasser	verquirlen. Die Mischung 10 Min. ausquellen lassen.
4 Eier	und
30 g Butter, zerlassen	zugeben und unterrühren. In einer beschichteten Pfanne (Durchmesser 20 cm)
1 TL Olivenöl	heiß werden lassen und nach und nach ca. 8 – 10 dünne Pfannkuchen (Crespelle) ausbacken. Die fertigen Crespelle aufeinander legen und warm stellen. Für die Füllung:
250 g Champignons	putzen und in Scheiben schneiden.
500 g Spinat	putzen und waschen.
2 EL Olivenöl	in einem Topf heiß werden lassen. Champignons 5 Min. darin andünsten. Spinat zugeben und weitere 5 Min. dünsten. Mit
MAGGI Würzmischung 2	würzen. Flüssigkeit bei starker Hitze verdunsten lassen. Die Crespelle mit der Spinatmischung füllen, zu Vierteln zusammenklappen und dachziegelartig in eine Auflaufform legen.
1 Beutel MAGGI Meisterklasse Tomaten-Sauce »alla Panna«	in
¼ l Wasser, kalt	mit dem Schneebesen einrühren. Unter Rühren zum Kochen bringen. Über den Crespelle verteilen. Die Crespelle sollten nicht vollständig von der Sauce bedeckt sein.
50 g Fontina-Käse	reiben und über den Crespelle verteilen. Im Backofen ca. 15 Min. backen.

Tipp: Verwenden Sie anstelle des frischen Spinats TK Blattspinat.

MAGGI KOCHSTUDIO Ernährungsinfo: 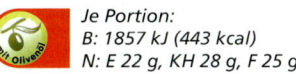 *Je Portion:*
B: 1857 kJ (443 kcal)
N: E 22 g, KH 28 g, F 25 g

Pfannkuchen mit herzhafter Füllung

4 Portionen

Aus

250 g Mehl	
4 Eiern	
⅜ l Milch	
¼ TL Salz	einen Pfannkuchenteig zubereiten. In einer Pfanne
3 EL THOMY Reines Sonnenblumenöl	heiß werden lassen und aus dem Teig 4 Pfannkuchen backen.
	Für die Füllung:
1 Bund Suppengrün	putzen, waschen und klein schneiden. In einer Pfanne
1 EL THOMY Reines Sonnenblumenöl	heiß werden lassen und das Gemüse darin 5 Min. andünsten.
2 EL THOMY Meerrettich	und
2 EL Crème fraîche	zufügen und mit
Salz	und
Pfeffer	würzen und abschmecken. Gemüsemasse auf die Pfannkuchen verteilen und aufrollen. Auf Tellern anrichten und servieren.

MAGGI KOCHSTUDIO Ernährungsinfo: *Je Portion:*
B: 2231 kJ (533 kcal)
N: E 17 g, KH 51 g, F 27 g

Crêpes mit Eis

4 Portionen

Zubereitungszeit:	20 Min.
1 Ei	mit
50 g Mehl	
50 ml Milch	
1 EL Butter, weich	und
1 Prise Zucker	zu einem Crêpes-Teig verrühren. Teig 30 Min. quellen lassen. 4 dünne Crêpes in einer Pfanne ausbacken. Mit
1 Packung (250 ml) Schöller Vanilleeis	füllen.

Servieren Sie dazu frische Waldbeeren oder Himbeeren.

MAGGI KOCHSTUDIO
Ernährungsinfo:

Je Portion:
B: 768 kJ (183 kcal)
N: E 6 g, KH 22 g, F 7 g

Welfenspeise mit Ananas

4 Portionen

Zubereitungszeit:	60 Min.
3 Eier	trennen, das Eiweiß steif schlagen. Von
¹/₂ l Milch	6 Esslöffel abnehmen und mit
40 g Speisestärke	und
40 g Zucker	verrühren.
1 Vanilleschote	der Länge nach halbieren und das Mark herauskratzen. Die Milch mit Vanillemark und Vanilleschote zum Kochen bringen. Vanilleschote entfernen, angerührte Speisestärke zugießen und kurz aufkochen lassen. Eischnee unterrühren und nochmals aufkochen lassen.
1 Dose (236 ml) LIBBY'S Ananas Dessert-Stücke	abtropfen lassen, unter die Creme rühren und in eine mit
Wasser	ausgespülte Glasschüssel oder Portionsschälchen füllen und abkühlen lassen. (Die Schüssel bzw. die Portionsschälchen sollten nur zur Hälfte gefüllt sein.)

Für den Weinschaum:

In einem Topf 3 Eigelbe mit

80 g Zucker	
¹/₄ l Weißwein	und
10 g Speisestärke	schaumig rühren, in einem Wasserbad aufschlagen, bis die Masse schaumig ist und sich verdoppelt hat. (Die Masse darf nicht kochen.) Den Weinschaum erkalten lassen. Dann vorsichtig auf die erkaltete Ananascreme geben.

Tipp: Statt Weißwein können Sie auch Apfel- oder Orangensaft verwenden.

Weihnachtliche Palatschinken
Foto

8 Portionen

Zubereitungszeit:	30 Min.
2 Eier	trennen. Aus
150 g Mehl	
2 TL Zucker	
1 TL Lebkuchengewürz	
1 Prise Salz	
2 EL Rosinen	und Eigelb einen Pfannkuchenteig zubereiten. Eiweiß steif schlagen und unterheben. Aus dem Teig 8 Palatschinken backen, dazu nacheinander in einer beschichteten Pfanne (Durchmesser 24 cm)
8 TL Butter	heiß werden lassen. Mit einer kleinen Schöpfkelle Teig hineingießen. Bei mittlerer Hitze ca. 2 Min. auf einer Seite goldbraun backen, wenden und auf der anderen Seite ebenfalls 1 – 2 Min. goldbraun backen. Palatschinken auf 8 Tellern verteilen, mit
1 Glas (212 ml) Johannisbeeren	und
8 Kugeln Vanilleeis	anrichten. Mit
2 TL Kakaopulver	bestreut servieren.

MAGGI KOCHSTUDIO
Ernährungsinfo:

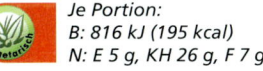

Je Portion:
B: 816 kJ (195 kcal)
N: E 5 g, KH 26 g, F 7 g

MAGGI KOCHSTUDIO
Ernährungsinfo:

Je Portion:
B: 1589 kJ (379 kcal)
N: E 10 g, KH 51 g, F 9 g

Salzburger Nockerln

4 Portionen

Zubereitungszeit:	25 Min.

Backofen auf 200 °C vorheizen.

4 Eier	trennen. Eiweiß steif schlagen.
2 EL Zucker	zufügen und unterrühren, bis er sich aufgelöst hat. In einer weiteren Schüssel Eigelb mit
2 EL Weizenmehl	
1 Prise Salz	
1 Päckchen Vanillin-Zucker	cremig rühren. 1 EL Eischnee unterrühren, dann den restlichen Eischnee unterziehen. Eine Auflaufform mit
20 g Butter	einfetten. Masse in vier Bergen hineingeben und 10 Min. backen. Backofentür während der Backzeit nicht öffnen. Mit
2 EL Puderzucker	bestreut sofort servieren.

Servieren Sie dazu LIBBY'S Mandarin-Orangen, Kirsch- oder Pflaumen-kompott.

Tipp: Die Nockerln fallen schnell zusammen, da sie nur außen gebräunt sind, innen aber noch feucht und weich sind.

MAGGI KOCHSTUDIO
Ernährungsinfo:

Je Portion:
B: 981 kJ (234 kcal)
N: E 8 g, KH 24 g, F 11 g

Minisoufflés mit Himbeeren
Foto

10 Förmchen

Zubereitungszeit:	35 Min.

Backofen auf 160 °C vorheizen.

200 g Himbeeren, tiefgefroren	auf einem Sieb auftauen lassen. Mit
1 EL Himbeergeist	beträufeln.
4 Eier	trennen. Das Eigelb mit
75 g Zucker	
1 Päckchen Vanillin-Zucker	und
1 Prise Salz	schaumig rühren. Eiweiß zu steifem Schnee schlagen und locker unterheben. 10 Souffléförmchen mit
2 EL Butter	einfetten. Die Himbeeren in den Förmchen verteilen. Die Eimasse darauf geben. Die Förmchen auf den Rost stellen und im Backofen auf der 2. Schiene von unten 15 Min. backen. Der Backofen darf während der Backzeit nicht geöffnet werden. Herausnehmen und sofort servieren.

MAGGI KOCHSTUDIO
Ernährungsinfo:

Je Portion:
B: 431 kJ (103 kcal)
N: E 3 g, KH 9 g, F 5 g

Zimtparfait

6 Portionen

Zubereitungszeit:	30 Min.
4 EL Zucker	mit
2 Eigelb	und
1 Ei	im heißen Wasserbad aufschlagen, bis die Masse dicklich wird.
1/2 TL Nescafé Espresso	
1 TL Zimt	das Mark von
1/2 Vanilleschote	und
1 TL Zitronensaft	zugeben. In kaltes Wasser stellen und schlagen, bis die Masse erkaltet ist.
1/8 l Sahne, süß	steif schlagen und unterziehen. Alles 1 Std. ins Gefrierfach stellen, danach herausnehmen und gut durchschlagen. In Gläser füllen und nochmals ca. 1 Std. in das Gefrierfach stellen. 5 Min. vor dem Servieren herausnehmen und mit
1 EL Kaffeelikör	garniert servieren.

Zubereitungszeit ohne Gefrierzeiten

MAGGI KOCHSTUDIO
Ernährungsinfo:

Je Portion:
B: 689 kJ (164 kcal)
N: E 3 g, KH 12 g, F 10 g

Pfirsich-Tiramisu
Foto

8 Portionen

Zubereitungszeit:	30 Min.
1 Dose (850 ml) LIBBY'S Tortenpfirsiche in Schnitten	auf einem Sieb abtropfen lassen, den Saft dabei auffangen. Die Hälfte der Pfirsiche pürieren. Den Rest zur Dekoration zurückbehalten.
4 Eier	trennen. Das Eigelb mit
100 g Zucker	zu einer dicken Creme schaumig rühren. Das Pfirsichpüree und
500 g Mascarpone, italienischer Frischkäse	vorsichtig unterziehen. Den Pfirsichsaft mit
5 cl Pfirsichlikör	auffüllen.
1 Packung (200 g) Löffelbisquits	Eine rechteckige Form mit der Hälfte auslegen. Mit der Hälfte des Saftes beträufeln, sodass die Bisquits leicht befeuchtet sind. Die Hälfte der Pfirsich-Mascarpone-Creme darauf verteilen und glattstreichen. Die restlichen Bisquits darauf legen und mit dem restlichen Saft beträufeln. Die Creme darauf verteilen und ca. 1 Std. kühl stellen. Mit
2 EL Kakaopulver	und den restlichen Pfirsichen garniert servieren.

Zubereitungszeit ohne Kühlzeit.

MAGGI KOCHSTUDIO
Ernährungsinfo:

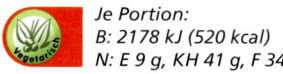

Je Portion:
B: 2178 kJ (520 kcal)
N: E 9 g, KH 41 g, F 34 g

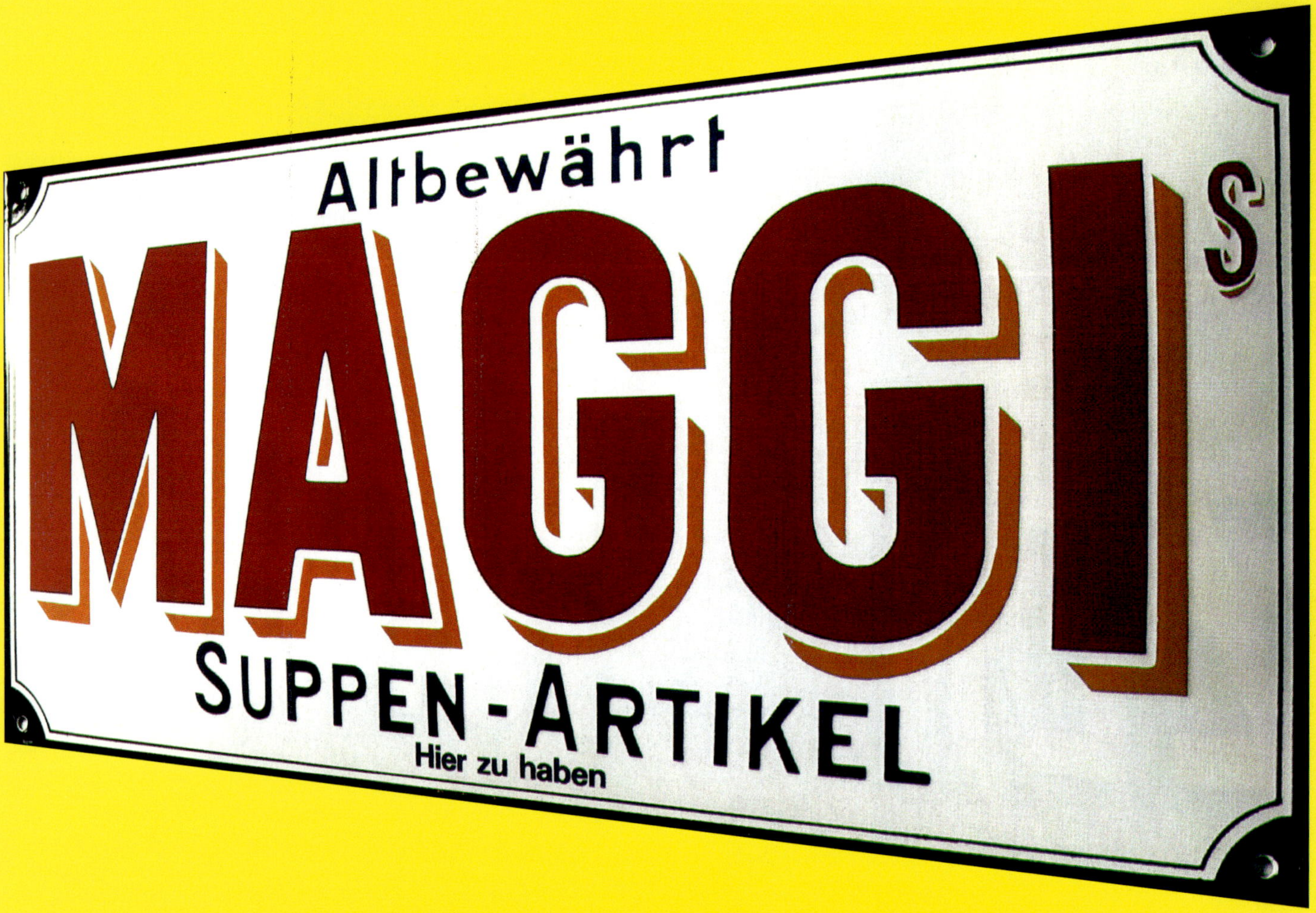
Altbewährt
MAGGI's
SUPPEN-ARTIKEL
Hier zu haben

Mit Maggi macht das Kochen Spaß

120 Jahre Maggi, 45 Jahre Maggi Kochstudio

hilft, berät, gibt Tipps

Haben Sie Fragen? Das Maggi Kochstudio ist für Sie da! Seit 1959 bekommen Verbraucher hier kompetente Antworten rund um Ernährung – Kochen – Haushalt.

Jedes Jahr werden rund 1 Mio. Rezeptbroschüren verschickt und ca. 315 000 individuelle Verbraucheranfragen beantwortet, sowohl per Brief als auch per Telefon oder Mail.

Außerdem kommen aus dem Maggi Kochstudio täglich leckere Rezeptideen. Neues kreieren, probieren, optimieren … die Maggi Kochstudio-Mitarbei- terinnen servieren jährlich rund 1000 Vorschläge für vielseitigen Genuss.

Maggi Kochstudio – und Sie haben einfach mehr Spaß beim Kochen und Genießen!

Unglaublich!

Das Maggi Kochstudio wurde am 9. Juni 1959 in Frankfurt gegründet und hat inzwischen eine so riesige Rezeptdatenbank, dass man damit zehn Jah- re lang täglich kochen könnte, ohne zweimal dasselbe Gericht zu servieren!

Julius Maggi, Macher aus der Schweiz

Firmengründer Julius Maggi war ein Marketing-Trendsetter. Von Anfang an setzte er nicht nur auf das Produkt, sondern auch auf den Service. Er stellte die Bedürfnisse seiner Kunden in den Mittelpunkt, und der Erfolg der Marke Maggi gibt ihm bis heute Recht.

Julius Maggi wurde 1846 im Kanton Thurgau geboren. Gründlich wie die Schweizer Mutter und wagemutig wie der italienische Vater startete er seine überaus erfolgreiche Unternehmerkarriere.

Von Singen nach New York

Es war die Zeit der Industrialisierung. Maggi erkannte, was die Leute brauchten und wollten: Fertigprodukte, die schnell zuzubereiten waren, gut schmeckten und lange satt machten. Also brachte der smarte Müllerssohn und Besitzer einer Mühle 1886 die erste kochfertige Suppe aus Gemüsemehl auf den Markt und erfand im selben Jahr seine berühmte »Maggi Würze«. Die für deutsche Haushalte bestimmten Fläschchen wurden ab 1887 im »Gütterli-Hüsli« in Singen abgefüllt – Maggi war nun auch in Deutschland zu Hause.
Schon kurz darauf gründete Julius Maggi Niederlassungen unter anderem in Paris, Mailand, Prag, Posen und Amsterdam. In Berlin, Wien, London und sogar New York gab es Maggi Warenlager. In Deutschland hat Maggi heute vier Standorte: die Zentrale in Frankfurt und drei Produktionswerke in Singen, Lüdinghausen und Teutschenthal.
Julius Maggi starb 1912 im Alter von 66 Jahren. Seine Produkte lebten weiter: Selbst Wirtschaftskrisen und Kriege stoppten nicht den Siegeszug von Maggi Würze, Suppe und Soße.

Maggi – in den Küchen dieser Welt zu Hause!

Unglaublich! Maggi Würze

Das Originalrezept der Maggi Würze war und ist »top secret«. Seit 1886
hält das Unternehmen die Rezeptur für den ersten Markenartikel der Welt
unter Verschluss. Thomas Bayrle, Professor am Frankfurter Städel: »Die
Amerikaner haben sich Coke, die Deutschen Maggi geschaffen.«
Der Unternehmensgründer Julius Maggi erkannte vor allen anderen: »Im
Mittelpunkt der Werbung müssen der Verbraucher und seine Bedürfnisse
stehen.« Vor 45 Jahren wurde daraufhin das Maggi Kochstudio
gegründet.

Mit der Maggi Würze zur Weltmarke

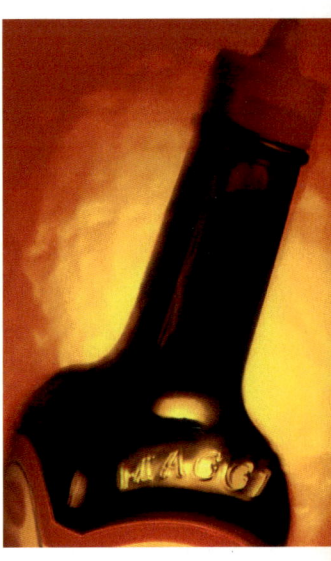

Die Zutaten erscheinen einfach: Wasser, Weizen- und Soja-Eiweiß, Salz, Aroma, Hefeextrakt … Das Ergebnis ist einmalig: Maggi Würze! Das Originalrezept des Firmengründes blieb seit 1886 unverändert.

Das Gewürzkraut Liebstöckel wird für Maggi Würze nicht verwendet. Doch weil sein Geruch verblüffend an die Maggi Würze erinnert, kennen es die meisten Menschen als »Maggikraut«. Sogar im Lexikon ist es zu finden. Das Maggi Sortiment umfasst heute neben der legendären Maggi Würze rund 300 weitere Convenience-Produkte vom Brühwürfel bis zum Pasta-Gericht.

1886	Maggi Würze
1905	Maggi Soßenwürfel
1908	Maggi Bouillonwürfel
1940	Maggi Gekörnte Brühe
1945	Fondor

Im englischen Wort »Convenience« steckt, was Julius Maggi schon vor über 100 Jahren verwirklicht hat: Annehmlichkeit, Nutzen und Komfort für die Verbraucher durch unkomplizierte Lebensmittel.

Maggi? Klar!

Maggi Produkte kennt sozusagen jedes Kind. Ravioli in Tomatensauce, 5-Minuten-Terrine, Kartoffel-Püree, Maggi Fix für Spaghetti Bolognese, Asia Nudel Snack und und und. Maggi ist die Lieblingsmarke der Deutschen und hat sogar ein eigenes Museum.
Seit 1966 erzählt das Maggi Museum im Gütterli-Hüsli in Singen die Erfolgsstory des Traditionsunternehmens (»Gütterli« ist alemannisch und bedeutet »Fläschchen«). Ausgestellt sind unter anderem historische Packungen aus der Zeit der Firmengründung, Würzflaschen-Kollektionen, Etiketten, Medaillen, Dokumente und nostalgische Reklame-Schilder aus Email.

Unglaublich!

In rund 90 Prozent aller deutschen
Haushalte wird mit Maggi gekocht.
Jedes Jahr greifen die Verbraucher
in Deutschland über 880 Millionen
Mal zu Maggi Produkten.

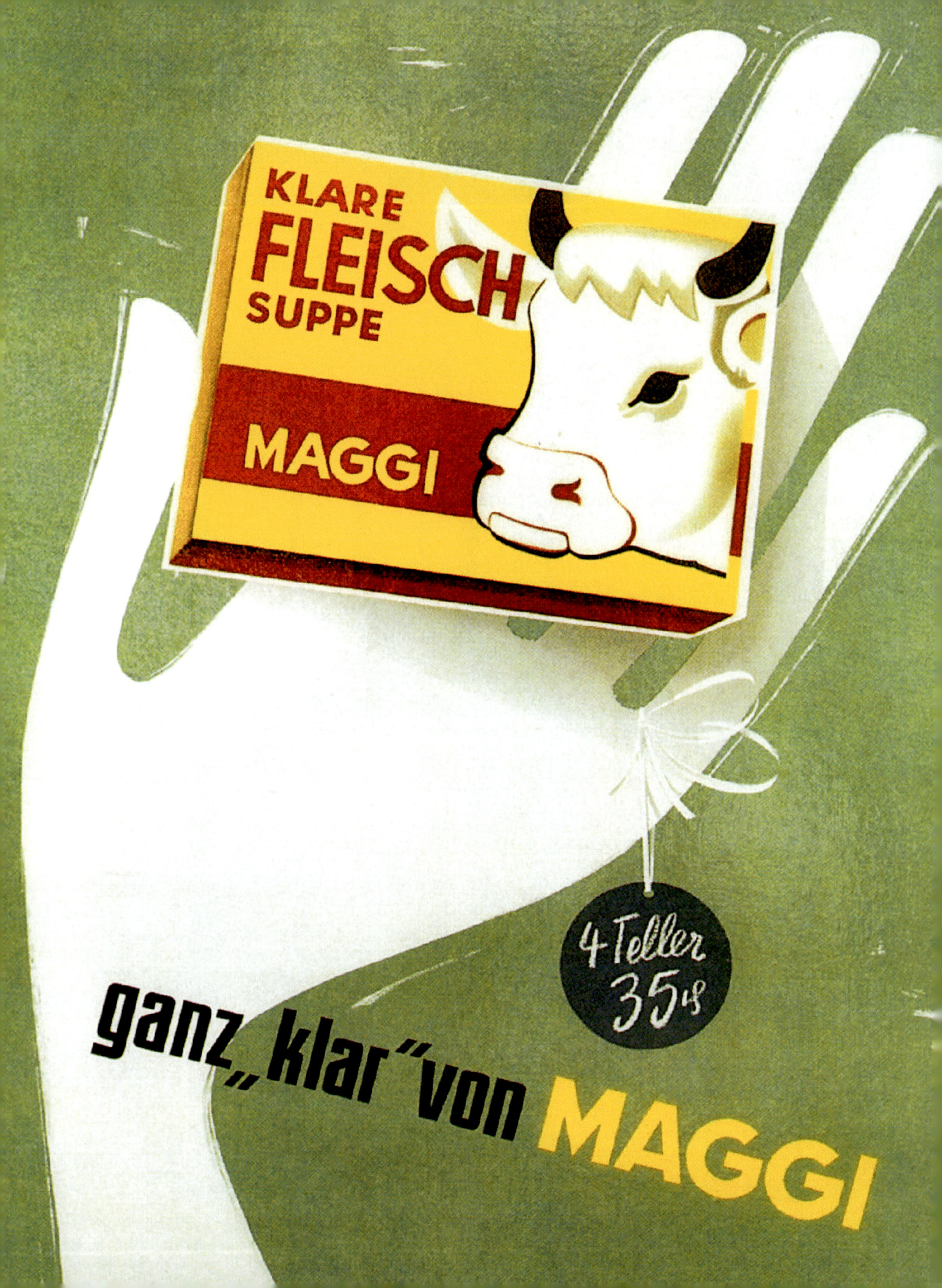
KLARE
FLEISCH
SUPPE
MAGGI
4 Teller
35 Pf
ganz „klar" von MAGGI

Start in der Frankfurter City

Ein kleiner Gästeraum, ein Herd, ein Tisch – das war das erste Maggi Kochstudio. Am 9. Juni 1959 wurde es in der Frankfurter City eröffnet und hat sich zu *der* deutschen Koch-Institution entwickelt.

Fridolin »live«

Mitte der 50-er-Jahre machte »Fridolin« Werbung für Maggi. Die sympathische Werbefigur ließ Kinoleinwand und Litfasssäule schon mal hinter sich und erschien live auf Messen und Märkten, auf Campingplätzen und in Ferienlagern. Fridolins »Koch-Show« und sein Küchen-Know-how stießen auf enormes Interesse. Die Verbraucher wollten kompetente Beratung, und Maggi erkannte und erfüllte die Wünsche seiner Kunden wie immer prompt.

In die Töpfe geschaut

Zuerst wurde eine Bibliothek eingerichtet, wenig später folgte ein Rezeptdienst für Redaktionen, Schulen und Verbraucher. Die Resonanz war so riesig, dass das Maggi Kochstudio schon 1961 in größere Räume umzog.

Der Clou im Maggi Kochstudio waren die topmoderne Schauküche und ein raffiniert angebrachter Spiegel. Er gab den Gästen zum ersten Mal vollen Einblick in das, was am Herd geschah. Die Verbraucher waren begeistert. Tag für Tag wollten rund 100 Zuschauer ganz genau wissen, wie man im Maggi Kochstudio kocht. Sie nahmen neue Rezeptideen rund um die Maggi Produkte und Experten-Tipps mit nach Hause.

Aus der Praxis für die Praxis – im Maggi Kochstudio schon immer eine Selbstverständlichkeit.

Fernseh-Rezepte

Mit Maggi fix
was Tolles zaubern

Mit Maggi fix
was Tolles zaubern

Band
2

Internationale Küche

Band
3

Salat-Ideen

Band
4

Kochen mit
dem kleinen Kniff

Band
5

Mit Maggi Fix

Band
6

Die neuesten Rezepte,
die besten Profi-Tipps

Seit 1970 kochen das Maggi Kochstudio Team und seine Gäste in Frankfurt-Niederrad: eine Schulungsküche mit 10 komplett eingerichteten Küchenein-heiten, eine Vorführküche und eine »Haushaltsküche« gehören dazu. Hier wird gekocht »wie zu Hause«, um die Rezeptideen auf ihre »Alltagstauglich-keit« zu testen.

Die Beraterinnen des Maggi Kochstudios sind in Hauswirtschaft und Ernäh-rungswissenschaft ausgebildet und leidenschaftliche Köchinnen. Ihren Rezep-ten und Tipps können Sie vertrauen!

Im Trend

Auf jedem Maggi Produkt finden Sie die Maggi Kochstudio Hotline. Sie bietet Ihnen persönliche Beratung mit großer Praxiskompetenz. Außerdem können Sie über die Hotline kostenlos Rezept- und Informationsbroschüren anfordern. Weit über 1 Million Broschüren werden jedes Jahr verschickt, und die Maggi Minikochbücher sind längst Kult – 15 Bändchen, über 20 Millionen Auflage!

Für Schulen gibt's ein »Medienpaket« aus dem Maggi Kochstudio, das das Qualitätsbewusstsein der Genießer von morgen schärft. Für Lehrkräfte veranstaltet Maggi Seminare, Journalisten kochen in der Schulungsküche, Kochbuch- und Zeitschriftenverlage nutzen das umfangreiche Dia-Archiv.

Das Maggi Kochstudio spürt den Kochtrends nach: Wir wissen, was Sie als Verbraucher wollen, und unsere Produkte entsprechen Ihren Wünschen!

Wer ein Maggi Produkt aus dem Regal nimmt, legt automatisch auch die »eingebaute Hotline« zum Maggi Kochstudio in den Einkaufskorb.

Das Maggi Kochstudio in Radio und TV

Maggi Kochstudio Hotline: 069 / 66 71 28 41
montags bis freitags 8.00 Uhr bis 17.00 Uhr

»Guten Tag, liebe Hausfrau. Hier spricht das Maggi Kochstudio!« Mit diesen Worten und einer flotten Erkennungsmelodie kam das Maggi Kochstudio Anfang der 60er-Jahre Montag bis Freitag aus dem Radio in die Küche. Kochen, Haushalt, Ernährung – die Mitarbeiterinnen des Maggi Kochstudios wussten – und wissen – Rat.

Nah am Kunden

Zusätzlich zu den Radiosendungen veranstaltete das Maggi Kochstudio in vielen deutschen Städten regelmäßig Workshops und wurde bald darauf zum TV-Star: Das Maggi Kochstudio ging ins Fernsehen. Seit 1962 präsentieren die Beraterinnen in einem professionellen Studio mit modernster Küchen- und TV-Technik neue Ideen für schnelle und leckere Rezepte.

Informieren, beraten, das Kochen einfacher machen – die Philosophie des Firmengründers Julius Maggi steckt in jedem Maggi Produkt.

Rezepte, Tipps und mehr **KOCHSTUDIO Treff** Kochkurse

Kochen und Genießen mit allen Sinnen – in unseren Maggi Kochstudio Treffs

Haben Sie Lust, das bekannte Maggi Kochstudio einmal selbst zu erleben?
Kein Problem – besuchen Sie unsere Maggi Kochstudio Treffs!
Seit 1996 gibt es das Maggi Kochstudio »zum Anfassen«. Im Herzen Frankfurts zwischen Römer und Zeil. In Leipzig neben der Thomaskirche und in Hamburg am Jungfernstieg.

Entdecken Sie die Vielfalt immer neuer Rezeptideen ganz aus der Nähe und persönlich. Je nach Lust und Laune. In den Maggi Kochstudio Treffs finden Sie jede Menge neue Rezepte, Tipps, Anregungen und freundliche, individuelle Beratung rund ums Kochen und Genießen.
Wie wär's mit einem tollen Kochkurs in unserer Maggi Kochstudio Küche?
Ob einzeln oder zu zweit, mit Freunden oder Kollegen, für Jung und Alt.
An unseren täglich stattfindenden Kochkursen mit wechselnden, tollen Monatsthemen findet jeder Geschmack.

Genießen Sie bei uns köstliche Suppen & Snacks oder schauen Sie einfach mal in unserem Shop vorbei. Hier finden Sie das komplette Maggi Sortiment und einzigartige Küchen-Accessoires.

Besuchen Sie uns – wir freuen uns auf Sie!

MAGGI KOCHSTUDIO TREFF FRANKFURT
Neue Kräme 27
60311 Frankfurt am Main
Telefon: 069 / 91 39 93 22
Telefax: 069 / 91 39 93 23

MAGGI KOCHSTUDIO TREFF LEIPZIG
Petersbogen, Petersstraße 36–44
04109 Leipzig
Telefon: 0341 / 1 49 77 74
Telefax: 0341 / 1 49 77 75

MAGGI KOCHSTUDIO TREFF HAMBURG
Bergstraße 17 / Ecke Jungfernstieg
20095 Hamburg
Telefon: 040 / 30 38 17 03
Telefax: 040 / 32 37 40

www.maggi.de – Maggi Kochstudio »online«

Die neuesten Rezepte auf einen Klick, Koch-Chats per Email, via Web-Cam zum Kochkurs – das Maggi Kochstudio im Internet bietet schnelle Information und direkte Kommunikation.

Jeden Monat gibt es auf www.maggi.de interessante News rund ums Kochen. Und wer sich auf der Homepage noch nicht auskennt, macht einfach eine Online-Führung mit.

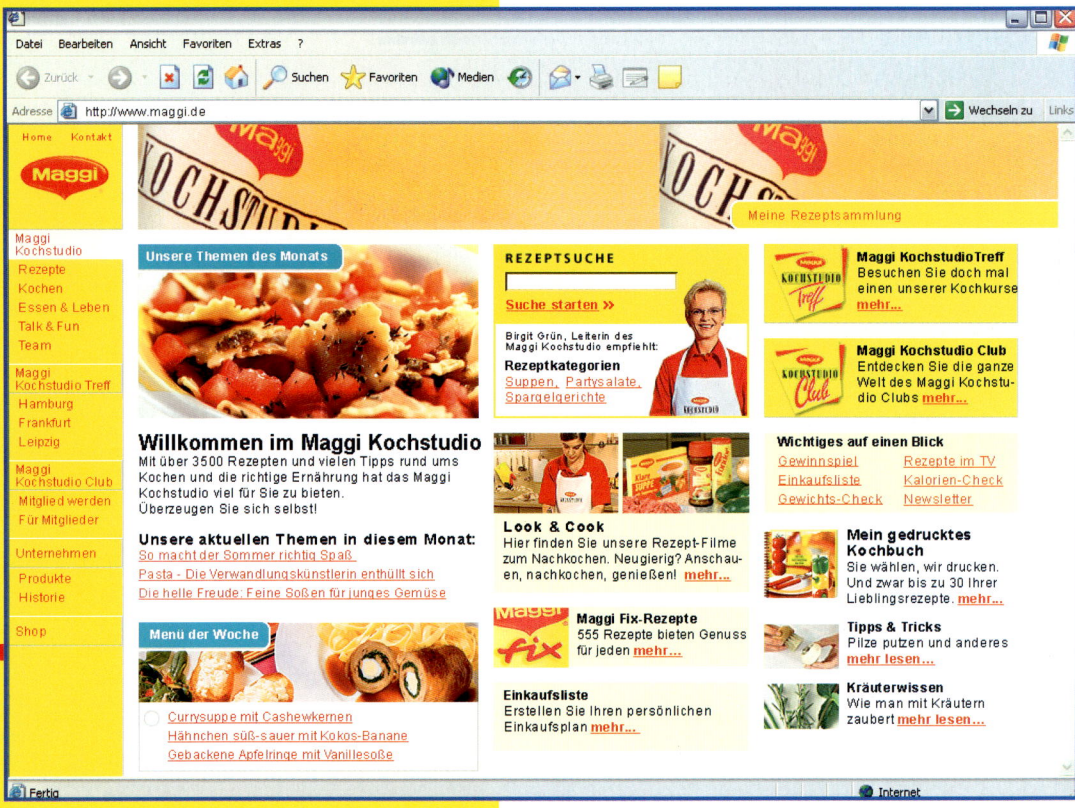

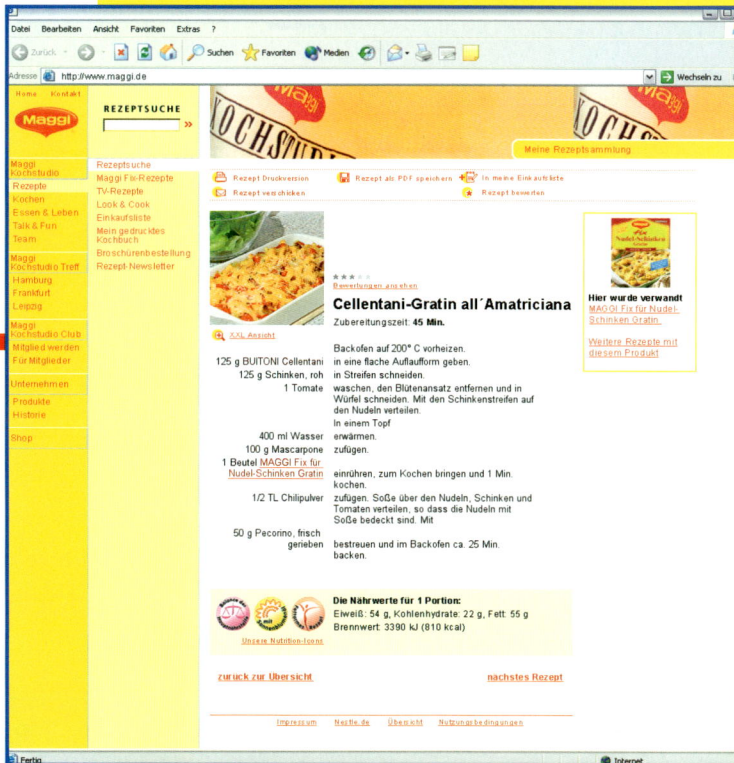

**Das Maggi Kochstudio online
bietet Ihnen immer neue Highlights:**

■ Original Maggi Kochstudio Rezeptdatenbank mit über 3500 Rezept-
vorschlägen

■ Täglich wechselnde Menüvorschläge

■ Look & Cook – Rezeptfilme zum Nach-
kochen, Anschauen und Genießen

■ »Mein persönliches Kochbuch« – hier können Sie 30 Lieblingsrezepte auswählen und mit
eigenem Buchtitel und individueller Widmung versehen. Ein schönes Einzelstück für Sie
selbst oder auch ein sehr persönliches Geschenk.

■ Kochlexikon von A wie »Abschmelzen« bis Z wie »Zabaione«

■ Zum Maggi Kochstudio Treff per Web-Cam oder Kochkurstermine nachsehen

■ Einkaufsbummel im Maggi Kochstudio Shop mit dem »Produkt des Monats« und vielen
schönen Dingen rund ums Kochen

■ Broschüren und Rezepte aus dem Maggi Kochstudio online bestellen

■ Attraktive Gewinnspiele mit vielen Preisen

■ News & Infos im »Maggizin«

■ Erfahrungsaustausch im Mail-Forum

■ Rezepte per Roulette auswählen

■ Persönlichen Body Mass Index ermitteln und in Sekundenschnelle das Idealgewicht feststellen

Auf www.maggi.de steht Ihnen die ganze faszinierende Welt des Maggi Kochstudios online
offen. Haben Sie Fragen, Anregungen, Tipps? Mailen Sie direkt von der Seite www.maggi.de
an das Maggi Kochstudio und seine Beraterinnen.

*Auf www.maggi.de können Sie sich für den Maggi Kochstudio Newsletter eintragen und er-
halten jeden Tag automatisch per E-Mail das Menü des Tages und oder wöchentlich das Menü
der Woche.*

Exklusive Vorteile im Maggi Kochstudio Club

Im Maggi Kochstudio Club lernen Sie die ganze Bandbreite unserer Ideen, Anregungen und Tipps kennen. Werden Sie Mitglied, und Sie sind immer bestens informiert!

- **Drei Mal pro Jahr kommt das »Maggi Kochstudio Club Magazin« zu Ihnen:** raffinierte Snacks, komplette Menüs, saisonale Rezepte, Tischdekos und Geschenkideen. Das »Kids Kochstudio« verrät z. B. Geheimrezepte für die nächste Geburtstagsparty oder den coolen Pausensnack.
- **Sie erhalten jährlich das Maggi Kochstudio Club Probier-Paket:** die neuesten Produkte von Maggi und interessante Broschüren.
- Als Dankeschön für die Mitgliedschaft gibt's jedes Jahr eine **Treueprämie.**
- Als Club-Mitglied erfahren Sie die spannenden **Maggi Produktneuheiten** zuerst und sind exklusiv zu **Club-Kochseminaren** eingeladen.
- Sie können exklusiv im **Club-Shop** einkaufen und erhalten **Vorteilsangebote** für Artikel, die vom Maggi Kochstudio empfohlen werden
- Das **gebührenfreie Club-Telefon** hilft mit Tipps und Tricks beim Kochen.
- **Echtes Clubleben** garantiert die Magazin-Beilage »Gesucht/Gefunden« als »Kontaktbörse« für Club-Mitglieder.

Mehr Infos zum Maggi Kochstudio Club oder gleich anmelden?
Anruf genügt: Tel. 069/66 71 20 99.

Machen Sie anderen eine Freude: Die Club-Mitgliedschaft ist ein tolles Geschenk für Familie, Freunde und Bekannte!

Das Probierpaket mit den neuesten Maggi Produkten erhalten Club-Mitglieder 1x jährlich.

Im Maggi Kochstudio Club finden Sie alles rund um die Küche und das Kochen.

Kochen ist Kunst

Auguste Escoffier, Maître der klassischen französischen Küche, stellte schon 1926 dem »L'arôme Maggi« erstklassige Referenzen aus und bestätigte, dass die unverwechselbare Würze auch in den Küchen der Luxushotels zu finden sei. Joseph Beuys und Thomas Bayrle verewigten Maggi Würze und Maggi Flasche in der Kunst außerhalb der Küche. Bayrle schrieb dazu: »Sie ist ein Arche-Typ in Form und Substanz, Elixier im modernen Industriezeitalter, tropfend und klebrig. Die Amerikaner haben sich Coke, die Deutschen Maggi geschaffen.«

Von der Aussagekraft der Maggi Flasche fasziniert, animiert Thomas Bayrle auch seine Schüler, sich künstlerisch mit diesem Motiv auseinander zu setzen und die Resultate dem Medium Leinwand anzuvertrauen. Ein Teil der Originale ist im Maggi Kochstudio ausgestellt.

Unglaublich!

Der berühmte Dramatiker Frank Wedekind wurde 1886 von Julius Maggi zum ersten Leiter des »Reclame- und Pressbüros« ernannt – die Verbindung von Maggi mit der Kunst hat Tradition.

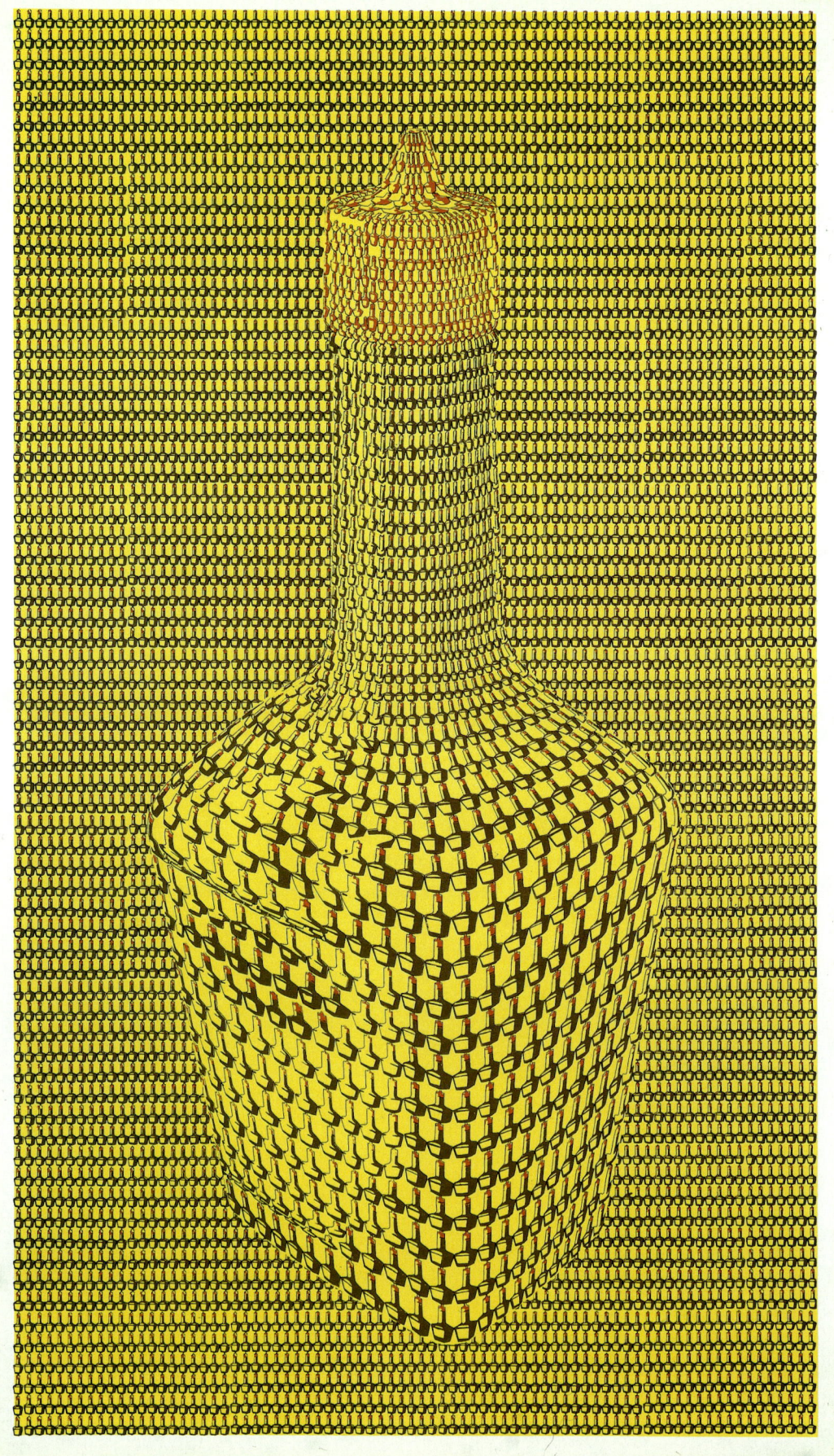

Beste Rohstoffe aus aller Welt

Gutes Essen braucht erstklassige Zutaten. Deshalb verwendet Maggi für seine Produkte nur beste natürliche Rohstoffe. Qualität ist uns so wichtig, dass wir zum Beispiel unseren Lieferanten Anbauvorschriften vorgeben und Erntetermine kontrollieren.

Vieles kommt aus Deutschland

Maggi setzt bei der Herstellung auf wissenschaftliche Forschung, moderne Lebensmitteltechnologie und auf »made in Germany«. Importiert werden nur solche Rohstoffe, die aus klimatischen oder wirtschaftlichen Gründen nicht in Deutschland erzeugt werden können.

Für die rund 300 verschiedenen Maggi Produkte werden über 1000 Grundstoffe verarbeitet. Allen voran frisches Gemüse, das etwa ein Viertel ausmacht, außerdem Fleisch, Getreide, Grieß, Mehl, Teigwaren, Reis, Öle, Fette, Milch, Ei, Gewürze usw.

Unglaublich!

Rund 90 Prozent aller deutschen Haushalte kochen mit Maggi Produkten.

Vertrauen Sie den Profis vom Maggi Kochstudio

Die Rezeptbroschüren bieten raffinierte Rezepte zu speziellen Themen wie Mediterrane Küche oder Wellness und außerdem einfach zu realisierende Tipps und Ideen. Informationen zu den Rezeptbroschüren erhalten Sie im Maggi Kochstudio unter Tel. 0 69 / 66 71 28 41.

Jedes Jahr komponieren die Beraterinnen des Maggi Kochstudios etwa 1000 neue kulinarische Köstlichkeiten. In der Maggi Kochstudio Rezeptdatenbank stecken inzwischen so viele Vorschläge, dass Sie zehn Jahre etwas Neues kochen können, ohne zweimal dasselbe Gericht auf den Tisch zu bringen.

Alle Rezeptvorschläge sind in der Praxis erprobt und bewährt, und zwar vom Einkauf an. Die Beraterinnen des Maggi Kochstudios kaufen selbst ein, um sich über Preise und Warenangebot zu informieren. Wer nach Maggi Rezepten kocht, kann sicher sein, dass die Zutaten problemlos und zu angemessenen Preisen erhältlich sind!

Unglaublich!

Pro Jahr werden bei Maggi bis zu 1000 neue Rezepte kreiert. Sie kommen in Broschüren und auf den Packungen und im Internet zum Verbraucher.

Perfekt bis ins Detail

Die Beraterinnen nehmen es genau, wenn es um Rezepte und Zubereitungen geht. Sie prüfen die Produkte nach ernährungsphysiologischen und hauswirtschaftlichen Erkenntnissen: Wie verhält sich ein Produkt im Backofen, wie auf der Kochstelle? Welchen Einfluss hat der verwendete Topf?

Oft werden neue Rezepte in bis zu 10 unterschiedlichen Töpfen und Pfannen zubereitet, sanft geköchelt oder kräftig gebraten, mit oder ohne Deckel gekocht. Die Beraterinnen verwenden die Maggi Produkte zusammen mit frischen Zutaten und formulieren daraus einfach verständliche Rezeptvorschläge.

Empfohlen werden nur Gerichte, die schmecken, mit wenig Zeitaufwand zuzubereiten sind und den Ansprüchen an eine gesunde Ernährung entsprechen.

Kennen Sie schon die Ernährungsplus-Symbole?

Ernährungsplus-Symbole – so heißen unsere neuen Infopunkte, die Ihnen jetzt immer öfter begegnen werden. Auf Maggi Produkten, vor allem aber in unseren Rezepten. Zum Beispiel bei Rezepten, die laut den Empfehlungen der Deutschen Gesellschaft für Ernährung (kurz: DGE) besonders »fettarm« sind. Oder »vegetarisch« … Aber sehen Sie selbst, welche unterschiedlichen Ernährungsplus-Symbole es gibt und für was sie stehen:

 Dieses Ernährungsplus-Symbol findet sich bei Rezepten, in denen sich die Hauptnährstoffe **besonders ausgewogen** zusammensetzen (Eiweiß: 15–20 %, Fett: 25–30 %, Kohlenhydrate: 50–60 %).

 Bei dem Ernährungsplus-Symbol **»fettarm«** können Sie sicher sein, dass höchstens 30 % der Gesamtkalorien des Gerichtes aus Fett stammen (Rechenhilfe zum Nachprüfen: 1g Fett liefert rund 9 kcal).

 Das Ernährungsplus-Symbol **»kalorienarm«** findet sich bei Rezepten, die pro Portion nicht mehr als 450 kcal enthalten.

 Für alle, die auf Fleisch verzichten möchten: Rezepten mit dem Ernährungsplus-Symbol **»vegetarisch«** liegt eine »ovolactovegetabile Rezeptur« zugrunde (also rein aus pflanzlichen Zutaten, Milcherzeugnissen und Eiern).

 Dieses Ernährungsplus-Symbol findet sich bei Rezepten, die je nach Mahlzeit 7–9 g **Ballaststoffe** enthalten und damit einen echten Beitrag dazu leisten, die täglich empfohlene »Ballaststoffration« von 30 g zu erreichen.

 In diesen Gerichten ist **Olivenöl** enthalten, das sich durch seinen hohen Anteil an einfach ungesättigten Fettsäuren auszeichnet und zudem cholesterinfrei ist.

 Dieses Ernährungsplus-Symbol findet sich bei Rezepten mit **reinem Sonnenblumenöl**. Dieses ist cholesterinfrei, reich an Vitamin E und besitzt einen hohen Gehalt an der essenziellen Fettsäure Linolsäure.

Abkürzungen, Maße und Gewichte

Abkürzungen

Mengenangaben:
kg = Kilogramm
g = Gramm
l = Liter
ml = Milliliter
EL = Esslöffel
TL = Teelöffel

Maggi Kochstudio Ernährungsinfo:
kJ = Kilojoule
kcal = Kilokalorien
B = Brennwert
N = Nährwert
E = Eiweiß
F = Fett
KH = Kohlenhydrate

Umrechnungstabellen

Gewichtsmengen:

Kilogramm	Gramm	Pfund
1 kg	1000 g	2 Pfund
³/₄ kg	750 g	1¹/₂ Pfund
¹/₂ kg	500 g	1 Pfund
¹/₄ kg	250 g	¹/₂ Pfund
¹/₈ kg	125 g	¹/₄ Pfund

Flüssigkeitsmengen:

Liter	Milliliter
1 Liter	1000 ml
³/₄ Liter	750 ml
³/₈ Liter	375 ml
¹/₂ Liter	500 ml
¹/₄ Liter	250 ml
¹/₈ Liter	125 ml

Löffelmaße

Die Angaben der Gewichtsmengen beziehen sich jeweils auf einen gestrichenen Löffel.

Lebensmittel	1 Esslöffel (Gewicht in g bzw. ml)	1 Teelöffel (Gewicht in g bzw. ml)
Flüssigkeiten (z. B. Wasser, Essig, Wein)	15 ml	5 ml
Speiseöl	12 g	4 g
Senf	9 g	3 g
Joghurt	17 g	6 g
Butter	12 g	4 g
Mehl	10 g	3 g
Salz	15 g	5 g
Backpulver	10 g	3 g
Pfefferkörner	9 g	3 g
Speisestärke	10 g	3 g
MAGGI Würzmischungen	12 g	3 g

Das Maggi Kochstudio hilft, berät, gibt Tipps

Rund um den Kochtopf macht dem Maggi Kochstudio Team keiner etwas vor. Die Beraterinnen sind in Hauswirtschaft ausgebildet und wissen Bescheid über gesunde Ernährung, zeitgemäßes Kochen und kulinarische Trends.

Wird die Soße nicht sämig? Wissen Sie nicht, was Sie morgen kochen sollen? Machen Kohlenhydrate dick? Das Maggi Kochstudio beantwortet Ihre Fragen und steht Ihnen mit Rat, Rezepten und Anregungen zur Seite. Fachkompetenz, eine umfangreiche Bibliothek und Test-Küchen zum Erproben der Gerichte machen es möglich.

GENIESSEN ONLINE
Auf www.maggi.de finden Sie über 3.500 Rezepte und interessante Infos zum Thema Kochen und Genießen.

WILLKOMMEN IM CLUB
Für alle, die regelmäßig tolle Rezepte, Tipps und Tricks rund ums Kochen und exklusive Vorteile genießen wollen, gibt es den Maggi Kochstudio Club.

Kleiner Vorgeschmack gefällig?
Rufen Sie an: 069/66 71 20 99
Klicken Sie rein: www.maggi.de
Oder schreiben Sie uns:
MAGGI KOCHSTUDIO CLUB
Postfach 5100
33413 Verl

DER MAGGI KOCHSTUDIO TREFF

Hier erleben Sie das Maggi Kochstudio hautnah und finden neue Rezepte, kreative Ideen, Tipps und vieles mehr.

MAGGI KOCHSTUDIO TREFF FRANKFURT

Neue Kräme 27

60311 Frankfurt am Main

Telefon: 069 / 91 39 93 22

Telefax: 069 / 91 39 93 23

MAGGI KOCHSTUDIO TREFF HAMBURG

Bergstraße 17 / Ecke Jungfernstieg

20095 Hamburg

Telefon: 040 / 30 38 17 03

Telefax: 040 / 32 37 40

MAGGI KOCHSTUDIO TREFF LEIPZIG

Petersbogen

Petersstraße 36-44

04109 Leipzig

Telefon: 0341 / 1 49 77 74

Telefax: 0341 / 1 49 77 75

60523 Frankfurt am Main

Telefon: 069 / 66 71 28 41

Telefax: 069 / 66 71 48 04

Montag bis Freitag von

8:00 bis 17:00 Uhr

Bildnachweis
Fotos: MAGGI KOCHSTUDIO

Herausgeber: MAGGI KOCHSTUDIO

© 2004 Tre Torri Verlag GmbH

Idee, Konzeption und Umsetzung:
CPA! Communications- und Projektagentur GmbH, Wiesbaden

Fotografie: Peter Schulte, Hamburg / Johannes Grau, Hamburg
Buchgestaltung: Michael Kasper Visuelle Kommunikation, Emmelshausen
Satz: Buch-Werkstatt GmbH, Bad Aibling
Reproduktion: Lorenz & Zeller, Inning am Ammersee
Druck & Bindung: Hofmann Druck, Nürnberg

Printed in Germany

ISBN: 3-937963-00-6

www.tretorri.de

Muscheln in Weißwein

1,5 kg Miesmuscheln
1 Möhre
2 Schalotten
1 Knoblauchzehe
1/2 Stange Lauch
50 g. Butter
4 EL Noilly Prat
200 ml. Weißwein
200 ml. Fischbrühe
1 Stängel Thymian

① Die ...
verw...
sind
unte...
zum
Wenn
gesä...
Sieb

② Möhre put...
schälen, ...
Würfel ...
heiß wer...
Andunsten

③ Die Muscheln zugeben, Noi...
Thymian auf die Muschel...
Die Muscheln ca 7–8 Mi...

④ Die fertigen Muscheln ...